北米研究入門2

――「ナショナル」と向き合う

上智大学アメリカ・カナダ研究所／編
Sophia University Institute of American and Canadian Studies

Sophia University Press
上智大学出版

はじめに

　二〇一四年に上智大学は、外国語学部と総合グローバル学部をまたぐ北米研究コースを立ち上げ、北米研究導入科目を合計四科目設置した。そのテキストとして用意されたのが『北米研究入門――「ナショナル」を問い直す』（上智大学出版、二〇一五年）であり、便宜上これを旧版と呼ぶことにする。旧版は、導入科目の教科書としての目的に留まることなく、学外でも好評を得た。例えば出版直後、『全私学新聞』（二〇一五年八月一三日）に新刊図書として一般読者に紹介され、更に日本ケベック学会年報『ケベック研究』第八号（二〇一六年）に研究学術書として古地順一郎の書評が掲載された。

　中でも評価された点は、次の三つである。アメリカ合衆国（以下アメリカ：Column アメリカ参照）とカナダを国境で分断せず、境界を越えた一つの地域として捉え、内外の比較・交流・関係性から、新たな視点で北米を分析したこと。加えて、国民国家は人為的に「構築された」境界線で区切られたものだが、これまで自明とされてきた「ナショナル」という研究単位を問い直したこと。更に、アメリカとカナダとを同時に検証するという試みは稀少で、（本書の編集主体であり）国内で唯一無二の存在である上智大学アメリカ・カナダ研究所が、グローバル化の時代にふさわしい新たな世界認識の扉を開いたことであった。

ところが、その後二〇一六年一一月の選挙で第四五代大統領となったドナルド・トランプは「アメリカ・ファースト」を掲げ、グローバル化に背を向け、愛国主義的な政策を次々に打ち出した。ほぼ時期を同じくして二〇一五年から第二九代カナダ首相となったジャスティン・トルドーは多文化主義を掲げ、世界に開かれたカナダを標榜することで、ある意味でアメリカの「お株」を奪っている。要するに、旧版が企画された二〇一三年度、つまりバラク・オバマ大統領／スティーヴン・ハーパー首相時代とは、米加両国の状況が一八〇度逆転した。加えて、環大西洋世界ではイギリスのEU離脱やヨーロッパ大陸諸国家における保守化、環太平洋世界では中国の軍事的拡張や朝鮮半島問題が勃発し、この六年間で北米を取り巻く世界は、大西洋と太平洋の双方で激変したのである。

こうした状況を受けて、アメリカ・カナダ研究所では旧版を改訂する企画を立ち上げた。コロキウムや講演会をはじめ、上智大学学術研究特別推進費「太平洋世界のグローバル・ヒストリー」（二〇一六～一八年度）研究会、上智大学新書『グローバル・ヒストリーズ――「ナショナル」を越えて』（二〇一八年）の出版などを通して、具体的な学術研究成果を蓄積してきた。

それらをもとに、二〇一八年度に研究所の所員並びに本学の北米地域研究に関わる教員に原稿を依頼し、二〇一九年度に『北米研究入門2』を刊行し、二〇二〇年度から新たな教科書として学生に供しつつ、学外への研究成果発信材料にしたいと考えた。

そこで、まず本書の構成を簡単に紹介しておきたい。第一部は「歴史・地理・思想系」、第二部は「多文化・社会系」、第三部は「国際政治・経済系」、第四部は「文学・メディア・表象系」となる。これらは本学の北米研究コースのコア科目群が、「歴史・地理・思想」、「多文化・社会」、「国際政治・経済」、「文学・メディア・表象」の四つの系列のもとに用意されていることに対応している。ここで扱う地域はアメリカ、カナダはもちろんのこと、北米地域と密接なつながりがあるメキシコや太平洋・大西洋地域も含んでいる。こうした北米研究は、特定の系列に絞って履修することも、複数の系列にまたがって履修することもできるので、自由な発想のもと、学生の主体的探求を可能にしている。

そもそも本学の北米研究は、主にアメリカとカナダを対象とし、メキシコとの比較も視野に入れている(第八章参照)。確かにアメリカの文化や生活習慣は、巷に溢れて身近なものとなり、かえって関心が薄れている。その反面、メディアが誇張する否定的なイメージによって、嫌米・反米意識も広がっている。そのため、どの大学でもアメリカ研究を専攻しようとする学生数に陰りがみられる、と言われて久しい。他方、カナダはその存在感の薄さ、メキシコは負のステレオタイプが研究の邪魔をしている。こうした状況を、北米地域研究における一種の危機と捉える向きもある。

一方、本学の外国語学部や総合グローバル学部に入学してくる学生を含め、多くの日本人は英語を学ぶ上で、日常会話レベルの習得で満足しがちだ。しかし、もう一歩踏み込んで英語が使われている地域を理解することが求められている。ここでいう地域研究は、歴史学、文学、宗教学、心理学、政治学、経済学、社会学、文化人類学など方法論が確立された既存の学問が寄り集まって形成される「総合知」を意味している。その分、広い基盤と深い関心を同時に満たさなければならない。北米研究は、一つの学問分野では網羅できず、「総合的な知性構築」に挑戦していると言われる由縁だろう。

こうした北米地域研究で修得できるのは、多角的かつ学際的な視点並びに専門的知識である。また、大西洋を挟んだヨーロッパとアフリカのみならず中南米、アジア・太平洋地域との比較検討を通して、北米地域の特異性とそれらの地域との共通性・関連性を見出し、北米地域に対する理解を深化させると共に批判的に考察する能力を伸ばす。更に、北米研究と「自分」とのつながりを学問的に理解することによって、世界及び地域社会における自らの役割について考察できる能力を養う。

時計の針を戻すと、本学で外国語学部が創設されたのは一九五八年で、その当初からアメリカ文化論が提供され、伝統的なアメリカ研究の端緒となった。それから三〇年近く経った一九八七年に北米研究の発端となるアメリカ・カナダ研究所が設立された。その目的は、歴史・政治経済・社会文化などを研究し、教育現場に還元することであった。そして外国語学部と文学部を中心に、多くの学部でもアメリカに関する授業が提供されてきた。カナダに特化した授業は、必ずしも十分とは言えない状況だが、まずは北米研究入門から始めて、アメリカとの比較を通して、カナダ理解の深まりが期待されている。移民や環境など国境を越える研究が盛んなので、北米を地域としてみる眼差しがより大切になる。

また、本研究コースでは、北米地域の国々を主な対象とする科目の他に、北米地域と関係が深い国や地域（ラテンアメリカ、アジア・太平洋地域）に関する科目も開講されている。それらの地域を結ぶ政治、経済、人口移動などを研究することにより、北米地域をより広い視点から考察することが可能となるだろう。こうした期待をもって『北米研究入門2――「ナショナル」と向き合う』の出版企画としたい。

編集責任者　小塩　和人

Column

アメリカ

「アメリカ」という言葉は一般にアメリカ合衆国（米国とも表記）を指すものと理解されている。しかし、歴史的文脈に照らしてみた時、必ずしもそうではないことがわかる。そこで本書が多用するアメリカという地域概念を簡単におさらいしておこう（第八章も参照）。

図1　TO図あるいはOT図
(orbis terrarium)

一般的には一四九二年にクリストファー・コロンブスが「アメリカ」を「発見」したと考えられている。だが、彼は黄金郷ジパングを求めて出帆し、到達した場所をアジアだと認識していたから、コロンブスを到達者と呼べるとしても、発見者と呼ぶべきではない、と論じられている。何ゆえコロンブスは「インド諸国」（*Indies*）を目指したのか。

図2　ヴァルトゼーミュラー地図、1507年製

そもそも中世カトリック教会が規定する世界は、TO図あるいはOT図（*orbis terrarium*）【図1参照】にもある通り、アジア・アフリカ・ヨーロッパの三大陸から構成されていた。そこには第四の大陸は存在しない。コロンブスもアジアへの航路を開拓するために大西洋へ漕ぎ出し、インドの人に遭遇したと考えて十把一絡げに「インディアン」という表現を用いたくらいである。

では、世界地図に「アメリカ」という言葉を刻印したのは、誰なのか。それはドイツの地理学者マルティン・ヴァルトゼーミュラーである。一五〇七年にマティアス・リングマンとの共著『宇宙誌入門』に添付された世界地図【図2参照】の中で、「アメリカ」という名を初め

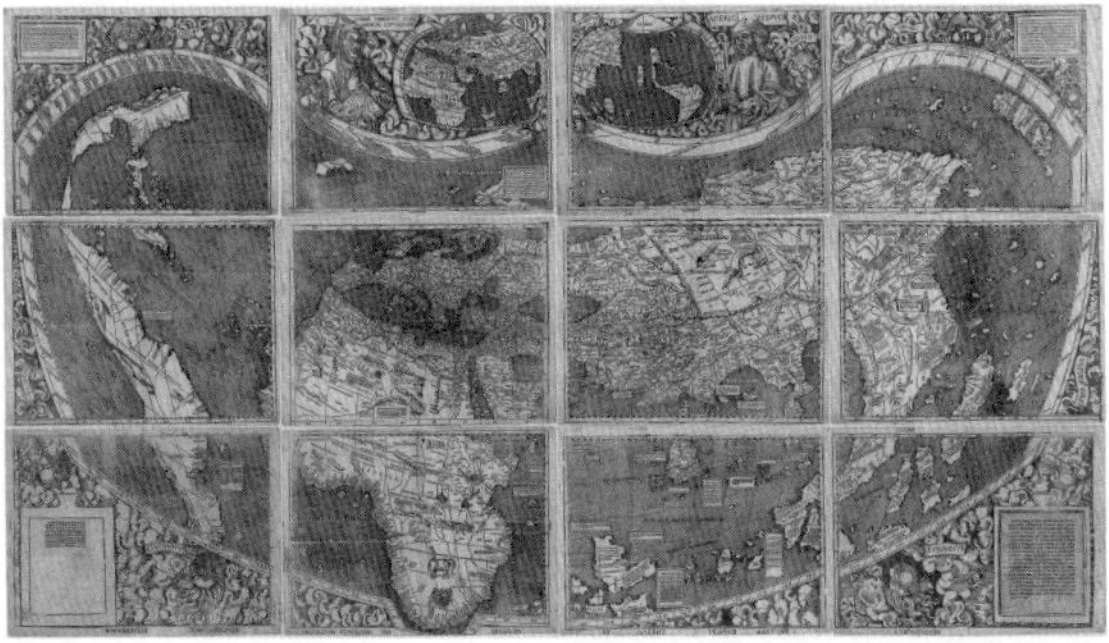

図3　ヴァルトゼーミュラー地図、1520年製

て用いた人物である。その契機は、フィレンツェ人探検家アメリゴ・ベスプッチの航海（一四九九～一五〇二年）だと言われている。すると、アメリカという地域概念は地図学者によって「発明」されたもの、と言えようか。

ここで興味深いのは、ヴァルトゼーミュラーの地図には南米大陸が詳しく描かれているのに対して、北米大陸の一部だけが表されている点である。また、千部ほど流布した初版の出版から六年後に改訂された地図【図3参照】からは「アメリカ」の文字が消された。その代わりに「未知の土地」（*Terra Incognita*）と記された。更に、アメリカ大陸を「インド諸国」（*Indies*）と記す地図もあったが、徐々に「アメリカ」という呼称が流布していった。

そして南北アメリカ大陸全体を指し示すはずの言葉は、アメリカ合衆国だけを意味するようになっていく。この歴史的変容はしばしば帝国主義の拡大と関連させて捉えられてきた。地図をはじめとする命名という行為には、主体と客体あるいは支配と被支配という関係性が存在し、そこには政治的な力学が作用している。いずれにせよ、アメリカという概念は、あくまでも合衆国だけを指すのではないことを確認した上で、北米地域を扱う本書では注意してこの表現を使っていくことにしたい。

【図1】ja.wikipedia.org/wiki/TO図#/media/File:T_and_O_map_Guntherus_Ziner_1472.jpg
【図2】ja.wikipedia.org/wiki/マルティン・ヴァルトゼーミュラー#/media/File:Waldseemuller_map_2.jpg
【図3】ja.wikipedia.org/wiki/マルティン・ヴァルトゼーミュラー#/media/File:Carta_itineraria_europae_1520_waldseemueller_watermarked.jpg

〈参考文献〉

上智大学アメリカ・カナダ研究所編『北米研究入門――「ナショナル」を問い直す』上智大学出版、二〇一五年

小塩　和人

Q ディスカッション・クエスチョン

・北米・中米・南米、アングロアメリカ、ラテンアメリカ、イスパノアメリカ、イベロアメリカ、メソアメリカといった地域概念の定義を考え直してみましょう。

・特定の場所に名前を付ける行為が政治的な意味を持つ例を身の回りで探してみましょう。

北米研究入門2〈目次〉

はじめに　小塩　和人　1
Column　アメリカ　小塩　和人　6

第一部　歴史・地理・思想系

第一章　北米地域を歴史・地理的に研究する　小塩　和人　19
第二章　アメリカのキリスト教と終末論
——エルサレムを目指して　増井　志津代　39
第三章　キリスト教青年運動と女性
——万国基督教学生連盟の草創期の活動から　石井　紀子　61

第二部　多文化・社会系

第四章　ヴェールを被る理由、被らない理由
——ケベックのムスリム女性たちの声を聴く　伊達　聖伸　89

第五章　北米地域の先住民と大学
——米国における学生支援とネットワーク構築　水谷　裕佳　111

第六章　白人性と特権の心理学
——植民地時代からトランプ以後まで　出口　真紀子　131

第三部　国際政治・経済系

第七章　政治・外交
——曲がり角を迎えた「自由と民主政治」という理想　前嶋　和弘　169
第八章　消える国境・残る国境・変わる国境
——NAFTA後の北米地域　谷　洋之　203
Column　北米大陸の防衛とカナダ　小塩　和人　228

第四部　文学・メディア・表象系

第九章　フランスの「ハワイアン」たち
——ヨーロッパ戦線におけるアメリカ日系二世兵の記憶
飯島　真里子　233

第十章　アメリカにおけるオースティン受容
——ウォートンの『歓楽の家』を翻案小説として読む
小川　公代　261

第十一章　シネマトグラフィー入門
——疎外とアイデンティティに関する代表的アメリカ映画の考察を通じて
ケネス・G・オキモト　287

Column　カナダの国技ラクロス　小塩　和人　314
Column　カナダへのブルースの浸透度について　飯野　友幸　317
おわりに　小塩　和人　323

第一部　歴史・地理・思想系

第一章

北米地域を歴史・地理的に研究する

小塩　和人

本書は『北米研究入門――「ナショナル」を問い直す』（便宜上、旧版と呼ぶことにする）の改訂版である。二〇一三年度に旧版の出版企画を立ち上げ、翌年度に上梓し、上智大学が新たに創設した北米研究専門コースの教科書として使用を始めた。それから五年が経過し、教室内外で新たに取り上げられた課題に対応する必要が生じてきた。なぜ北米地域を研究するのか、どのように研究するのか、いかに新しい設問が立てられるのか、を改めて問い直し、本書の方向性を明示したい。

なぜ北米地域を研究するのか

旧版の序章でも明らかにした通り、これまで人文学（中でも文学や歴史学）と社会科学（とりわけ政治学や公共政策学）は、研究を国民国家単位で積み重ねてきた。つまり、主権国家が引く境界（例えば人と人あるいは場所と場所とを区切る）線を自明のもの、場合によっては不動の存在として認識してきた。しかし、二十一世紀を迎え、「人」「モノ」「お金」「情報」等がやすやすと国境を越えて移動する今日、従来の眼差しも変わり、国境を始めとする、様々な境界を問い直す傾向が強まりつつある。その一例が、アメリカ、カナダ、メキシコを別個に検証する旧来の研究動向と一線を画し、北米地域という大きな括りで検証しようとする、新たな地域研究の誕生である。

旧版では、従来の人文社会科学が、いかに国民や国境を当然視し、かつ固定化してきたかを問い直した。確かに北米地域研究という研究教育分野は新しいが、これまで古い接近方法に批判的な先例が無かった訳ではない。例えば、一九二一年にはハーバート・E・ボルトン（Herbert Eugene Bolton）が『スペイン境界地』（*Spanish Borderlands*）を著し、従来のアングロサクソン文化が大西洋を越えて北米大陸に拡大するという歴史観を問い直そうと試みた。単純化を恐れずに言うと、イギリス中心史観からの脱却である。

ボルトンは東部海岸沿いの植民地から始まる大英帝国的視点から歴史が書かれていることを早くから問題視し、北米大陸史を真に理解するには、スペイン帝国の果たした役割が不可欠だと説いた。彼が批判の対象とした東から西へという直線的モデルは、歴史家フレデリック・J・ターナー（Frederick Jackson Turner）によるものであった。彼は一八九〇年に国勢調査局が「フロンティアラインの消滅」を宣言したのを受けて、三年後のシカゴ万博会場で開かれたアメリカ歴史学会の席上、西部の地でこそアメリカ独自の個人主義、経済的平等、民主主義が生まれると主張し、それまで近代的諸制度の起源をゲルマン社会に求めていたチュートン起源説に挑戦状を叩きつけたのである。当時勃興していたナショナリズムの高揚の中で、アメリカの独自性を強調するこの学説は広く受け入れられ、一九二〇年代まで支配的であったが、その後は様々な批判が加えられていく。

ボルトンによれば、中でもフロンティア学説では北米大陸におけるヨーロッパ諸勢力拡大の多方向性と影響力を浮き彫りにできない。更にターナーが唱えたアングロアメリカの「フロンティア」説では、先住民の一方的な後退が歴史的必然として描かれた。これに対してボルトンは、スペイン帝国の境界地においてヨーロッパ植民者、先住民、開拓移住者が新たな協働空間を構築したと考え、それを積極的に評価すべきだと訴えた。要するに、北米大陸史は東から入ってきたアングロサクソン文明によって野蛮が淘汰されたという単線的物語ではなく、多様な人間集団による異文化接触や遭遇、それへの対応が繰り返されて複雑な社会が複線的に形成されたという物語なのである。

そもそも境界研究におけるボーダーランズでは、時代や地域性、当事者となる国家や部族によって異文化の混合の程度や社会的流動性、協働社会の制度の有無なども異なる。ボルトンが研究したスペイン植民地は、本国政府の絶対主義的支配の色合いが強く、そこではターナーが描いたフロンティアで見られたような開拓者による自治や個人主義、民主主義などは生まれる余地がなかった。これはメキシコを始めとする中南米地域におけるスペイン植民地でもほぼ共通の現象であった。

ボルトン後の北米地域史研究においては、一九八〇年代を中心にメキシコ系アメリカ人研究を通して、米墨地域の考察が深まった。更に脱近代主義的な考え方が加わり、それまでの研究が自明のものとしてきた分類や過程を根本から検証し直す動きが盛んになった。こうした境界研究は、北米大陸史、アメリカ研究、エスニック・スタディーズといった分野に大きな影響を及ぼしたのである。

本書で取り上げる北米地域研究は、こうした従来の研究教育分野を統合する試みと言ってよかろう。より具体的には、通商や貿易といった国際関係研究で伝統的に扱われてきた越境問題に加え、アメリカ南東部や南西部における先住民・アフリカ・ヨーロッパ文化の遭遇や交流、カナダ・アメリカ西部とメキシコ北部研究の融合などが取り上げられる。更に北米に限定せず、境界研究が扱うテーマは、帝国（主義）、革命と戦争、人とモノの移動と制限、自然環境と人間社会、接触と変容、同化と排除、奴隷制、婚姻、ジェンダーと階級、アイデンティティなど多岐に渡る。また新版の北米地域研究で扱う歴史的転換点は、一万五千年前の「ベーリング陸橋」移動期、十五世紀の大航海期、十七〜十八世紀ヨーロッパ植民期、アメリカ独立期、メキシコ革命期、十九世紀半ばの国境確定期などである。

どのように北米地域を研究するのか

旧版において、空間軸では環大西洋・太平洋ないし西半球、時間軸では植民地時代ないし十九から二十世紀という視点から北米を検証した。思想信条や文学作品といった価値観にみられるヨーロッパ（「白人」「男性」の）文明がいかにして「新大陸」と遭遇し変容した、あるいはしなかったのか。それは、断絶か継続かという歴史的な問いでもあった。また、人の移動を扱う章では、アジアと北米大陸、カナダとアメリカが取り上げられた。加えて、政治外交や音楽やテレビを例にアメリカとカナダの特殊性を検証する章、ジェンダーを取り上げて米加を比較する章も設けた。そして、最後に北米研究の成果を列挙したのである。

これに対して課題として指摘されたのは、空間軸と時間軸を「つなぐ」概念の整理、つまり個々別々の事例研究を包括する作業が残された。また、あとがきにも明示した通り、先住民、経済や防衛問題を取り上げることができなかった。更に興味深い指摘としては、陸の視点だけでなく海からの視点を導入してはどうか、という提案もあった。さすがに宇宙から見た地球大の眼差しというのはなかったが。

そこで本章では、旧版の序章で触れた比較史や越境・交流史に続いて、今世紀になって興隆しつつある境界史を簡単に紹介したい。繰り返しになるが、これらの研究は主権国家が定めた境界を所与のものとしない。一例を挙げれば、国境が策定された途端、人やモノの移動が制限されて、それまでと異なった空間が国境線を挟んで形成された訳ではない。とはいえ、国家の役割を軽視あるいは無視する訳では決してない。次節で詳しく述べるが、北米地域の歴史を対象とする研究者たちは、カナダと合衆国、合衆国とメキシコの境界について其々が成果を発表してきた。しかし、これまで加米・米墨研究の両者が共同研究することは皆無に近かった。更に北米における境界と言えば、南に広がる合衆国とメキシコとの間の空間を意味し、北にも存在する境界との関連性を意識することは少なかった。したがって、それぞれの研究者集団が別個に成果を積み上げることとなり、南北境界地共通の歴史主体を総合的に検証することがなかった。例えば各国の連邦政府について、アジア太平洋地域からの移民について、酒や麻薬を含む「やばいブツ」の密輸について、国境を超えた研究が立ち遅れていたのである。

さて、新しい批判精神とりわけポストモダニズムによって、それまで当然視されてきた概念、例えば「スパニアード」「インディアン」「メスティィソ」といった括り方が問い直され、誰がなぜどのように特定の集団に属すると考えられるのか、そして所属や帰属意識は不変・普遍なのかが問題になった。十九世紀のニューメキシコ地方を例に取るならば、ほんの数十年という短い期間のうちに、北米先住民プエブロ族に属する人がスペイン帝国の一員となり、その後メキシコ市民を経て、合衆国の市民になるという実に目まぐるしい変容が見られた。こうした歴史状況は、境界や越境といった概念を用いて分析することで複雑さを解明していくことが可能になってくる。

メキシコ史家は、とりわけ革命期（一九一一～二〇年）研究で北部（バハ・カリフォルニアとソノラ、チワワなど）とメキシコシティ中央部との関係を、周縁と中心という構図を用いて考察してきた。これまで主権国家による国境線を問い直す越境研究が、合衆国ほど熱意を持って迎えられることはなかった。例えば国家中心主義とも言える従来のアプローチを続ける理由について、メキシコ史家カルロス・R・フェラ（Carlos Rico Ferrat）が次のように述べている。「歴史的に私たちの法的自治を確保していたのは、巨大な国家に対して身を守るための国家であり国境だった」と。つまり、北からの脅威であるアメリカに対してメキシコを守れるのは、中央に存在する強い国家であり、確固たる国境線という壁によってこそ自己防衛が可能になる、という認識である。中央から見ると北の周辺地に存在する境界は、アメリカの脅威から国民国家を守るという意味で捉えられていた。

また、一九八〇年代にアメリカで勃興した「新しい西部史」を代表するパトリシア・N・リメリック（Patricia Nelson Limerick）とリチャード・ホワイト（Richard White）は共に米墨国境地帯を、東からの西漸運動の「フロンティア」ではなく、南からの北進運動の「フロンテーラ」という概念を用いて検証した。しかし彼らの西部史を見つめる眼差しはあくまで北米大陸の南西部つまり米国内を向いており、新しい西部史は北のカナダを視野に入れることなく世紀末を迎えることとなった。

北米大陸の南に位置する米墨国境地帯の研究と比べると、北に位置する米加国境地帯の研究は非常に少ない。その原因は幾つか考えられよう。米加両国は、先住民の住処にヨーロッパなどから植民者が流入し、自由主義に基づく資本主義社会を形成した、という類似性から、アメリカ人もカナダ人も両国を区別しない、あるいは一つのまとまりとして意識することが多かった。これは、米墨両国民が互いの異質性を強調するのと対照的だ。カナダ研究者の間では、一九二〇～三〇年代にかけて、大きく分けると二つの考え方が浮上した。一方で歴史家ウォルター・N・セイジ（Walter Noble Sage）は西部地域において米加両国を往来する人が多かったことに注目し、一体化した両国のつながりを指摘した。他方で歴史家ジョージ・F・G・スタンレー（George F. G. Stanley）は両国のつながりを認めつつも、合衆国が暴力・無法・貪欲な資本主義を象徴するのに対して、カナダは文明・秩序・管理された経済発展を象徴すると解釈した。こうした非類似性を更に強調したのは、第二次世界大戦後の歴史家ポール・シャープ（Paul Sharp）で、彼は十九世紀後半にウィスキー密輸と先住民抑圧を目的として米加両国が国境警備を強化し、それ以降両国は分断され異なる国家として発展してきたと結論付けた。

こうして両国を比較対照させることで、二国間の類似性ないしは差異性を強調する立場は全体をみると少数にとどまった。なぜなら、カナダ人の多くは国内に眼を向ける、あるいはヨーロッパとの比較に力を入れていたからだ。まさに社会経済学者ハロルド・A・イニス（Harold Adams Innis）が主張する通り、カナダ国内の西部地域と東部地域との関連性が強調されることで、カナダ西部とアメリカ西部との関係性が軽視・無視されてきたのである。これが変化し始めるのは一九七〇年代前半、ベトナム反戦運動が高まり、学術研究を含めてアメリカ流のやり方に対する反発が強まった頃であった。単純化すると、大学内外で反米感情の高まりと共にアメリカとの差異を主張する見方がカナダ国内で強まった、と言えようか。そして一九七〇年代後半になると、今度は一転して両国の類似性に注目する研究が盛んになり、ようやく一九八〇年代になって比較・交流といった視点から米加地域研究が軌道に乗り始めたのである。そこで浮上した視点は、類似か差異かという二元論を超えたものであった。さしずめ半世紀前に米加一体性を強調したセイジを彷彿とさせる研究の勃興である。

二十世紀末の新しい研究は、伝統的な五大湖地域研究に加え、大平原地方や太平洋北西部といった地理的な意味で一体性を認めることができる地域を例にとり、境界線を超えた人・モノ・お金・情報の動きに注目した。その成果としてメイン州立大学にニューイングランドとカナダ東部を一つのまとまりを持った地域として捉えるアメリカ・カナダ研究所が一九七九年に創設された。結果として、こうした研究は米加両国の差異性よりも共通性を強調した。別の言い方をすれば、国境で米加が分断されていると考えるよりも、連続性・越境性を認めている。こうした動向は二十一世紀に境界研究が生まれる基盤を作った。

このようにして境界研究は大きく分けて四つの設問群を提起した。すなわち国境線策定が先住民社会にどのような影響を及ぼしたのか、先住民以外の人々の越境行動はどのようなものか、国境線と自然環境との関連性はあるのか、そして国境が愛国主義に対していかなる影響を及ぼしたのか、である。米加両国の間に広がる境界地域に注目する新しい研究は、伝統的な米墨国境地帯を対象とする研究との間で、いかなる親和性を持って展開していくか、注視していく必要がある。

北米地域研究による新しい越境

北米地域を「協働空間」あるいは「境界地帯」として捉える場合、当然その定義が大きな問題となる。物理的にはっきりと目に見えるような場所なのか、それとも観念的な存在なのか、といった問いをめぐり、唯物論的な側面を強調する立場と、唯心論的な立場とがある。また、この場所に「境界」が存在するならば、その機能は何かと何かを切り離す断絶的なものか、あるいは接続的なものなのか。古くから使われてきた「フロンティア」という分析概念と類似点・相違点はあるのか。はたまた「中央と周辺」といった捉え方との関係はどうか。更に、そこでは「主体」がどう認識され、誰が「権力」を有するのか。伝統的な国際関係論や人種関係論のみならず、比較的新しい文化論における「接触」と「混交」を考える際にも考慮せねばならぬ設問である。

以上のような問題群を念頭に置いて、以下では幾つかの歴史的事例を列挙し、それから三つのモデルを紹介することで、北米地域研究がいかに学術的な貢献をなしうるか論じてみたい。まず確認しておきたいのは、北米大陸をカナダ・アメリカ・メキシコという三つの国民国家のみを単位として考察するのではないという点である。従来の研究では、これら三国家間の国際関係論、あるいは人・モノ・お金・情報の移動と制限について「閉じた」形で論じる、また国民（性）を集合的に考察する接近方法が主であった。これに対して、国民や国家という境界を越えて北米を研究する場合、北米という場所は「接触」「遭遇」の空間という新しい意味を持つようになる。更に、遭遇する主体と客体とを支配・被支配という力関係で固定化・絶対視しない点も強調しておきたい。例えば、ヨーロッパ（人）による北米先住民の一方的支配という枠組みで議論されてきた植民地時代だが、先住民諸部族が協調・対立しながら大陸内で拡大する時代として、より複雑に捉え直すことができる。

また節酒・禁酒運動は、一九二〇年代の合衆国憲法改正にまで至るアメリカ国内の社会改革史として論じられるのが定番だが、カナダ・アメリカ、そしてアメリカ・メキシコ国境地帯で酒の密輸取引が盛んに行われてきたことと連動させて、いわば越境史の研究対象として見直されるべきだろう。類似の対象としては、麻薬や売春についても越境研究が新たな地平を開くだろう。更に国境を越えるという意味では、逃亡奴隷の研究（旧版第三章参照）もアメリカ国内において南部から北部ないし西部へという国内移動として伝統的に考察されてきたのだが、アメリカからカナダ、そしてメキシコ更にカリブへと逃亡する者への眼差しが新たに加わるだろう。人の移動について、もう一つ例を挙げるとすれば、日本から太平洋を経てメキシコへ渡った移民が、最終的にはカナダへの移住を口実に、当時日本人移民を制限していたアメリカへ「合法的に」入国する越境行為も、新しい北米研究となりうる。彼らが国境という法的構築物を逆手に取り、本来は入国を規制されたはずの日本人にとって入国を正当化しようとする、つまり国家による排他的移民政策へ異議申し立てするしたたかな企みとして、光を当て直す必要性があろう。これらは抵抗・暴力・秩序・監視といったテーマを根底に抱える将来の研究課題である。

こうした越境研究は、人文社会科学者が立てる多様な設問、更に大きく事態が変容する歴史的転換点、そのいずれにおいても新たな「解」を期待されている。以下では、ボードとファン＝シェンデル（一九九七年）、アデルマンとアーロン（一九九九年）、ジョンソンとグレイビル（二〇一〇年）の三例をモデルとして紹介したい。ボードとファン＝シェンデルは、北米地域内におけるローカル・リージョナル・ナショナルといった諸レベルでの境界を比較することで、カナダ・アメリカ・メキシコ各国が持つ（とされる）特殊例外性（場合によっては優越性）に疑義を呈している。そして、分析の対象としては、中央政府が行ってきた公共政策よりも、境界が普通の人々の生活に対していかなる影響を及ぼしてきたのかを注視するよう、主張した。更に、北米大陸の三ヵ国が対立関係にあったこと、中でも米墨両国の国家レベルでの衝突からは見え難い、国境地帯の人々がいかに協調関係にあったのか、指摘したのである。

まず、彼らは境界の定義から始める。それは、頭の中で構築されたものが現実化する一事例だという。そして、境界の中でも最も可視性の高い国境について問う。例えば、国境は誰のものなのか。主権国家・官僚（中央）あるいは住民（周縁）のものなのか。国境は何と何を分け隔てるのか。国家の領土・自治そして国民と異邦人といった内と外なのか。国境は何で表されるのか。線あるいは面それとも点なのか。こうして彼らが繰り広げる境界論の二つの特徴は、国境線をまたぐネットワーク、つまり三者の権力関係並びに周辺国家間関係に注目する点。ここでいう三者とは、農民（含、狩猟民）と交易者、地元エリート、中央官僚のことである。更に、比較を推奨する彼らは、世界史的な規模で境界を研究する必要性を説いている。

次に彼らは越境するのが何かを問う。それはすなわち経済活動、言語文化現象、生態系である。国境は政治的に「構築」されたものだが、その意図に反して人々がしたたかに使い回すという歴史がある。ボードとファン＝シェンデルは、国境が住民に対して及ぼす影響、そして境界地の社会現象が国家による領土形成に対して及ぼす影響の両方を、比較史的に検討する。空間的には、伝統的な研究が中央から眼差しを向けていたのに対して、彼らは周縁からの視点で論ずる。時間的には、近代国家の時代、中でも十八から二十世紀を扱う。境界が象徴するのは、第一に主権国家の領土であり、そこでは排除（異邦人）と内包（国民）との線引きが行われる。国家の領土は、地図によって示され、そのプロセスは、確立・区画設定・統制の順である。境界が有する第二の象徴は、中央国家と地元住民との権力争いである。本稿で重要となる「境界地」は、通常一国家内で国際関係の影響を受ける場所を指すが、ここでは国境線を挟む両側をまたにかけるネットワークに注目する。中央からの眼差しでは国境は明確な線だが、この固定化された国家中心主義的な認識に彼らは異を唱える。

越境経済の例として酒や麻薬の密輸があり、更に自然環境・生態系や言語民族文化も境界を越えていく。つまり、一旦引かれた境界線を当然のものとして捉えることが、いかに「不自然」なのか。更に我々は境界線をあらゆるものを分断する存在として考えがちだが、実は境界地に見られる文化的混交すなわち「クレオール」や「シンクレティック」に注目する境界研究は、国家・社会空間・地方史を新たな視点から考察する契機を与えてくれるのである。もちろん世界規模で考えるのであれば、アジア・ヨーロッパ・アフリカ・アメリカ大陸それぞれで境界の出来方が異なるので、比較史が不可欠である。いずれにせよ、ボードとファン＝シェンデルによれば、境界とは観念的な構築物であり、この構築された理念が社会的現実となる事例なのである。

グローバルな規模で境界を論ずるボードとファン＝シェンデルの立場とは異なり、アデルマンとアーロンは北米大陸に住む人々がヨーロッパ諸帝国によって翻弄される実態を描き出した。そして、いわゆる「アメリカの発見」前から存在していた先住民による自治が徐々に失われていく過程を、国民国家の創生を契機に喪失する物語として描いてみせた。彼らにとって決定的な歴史的転換点はカナダ・アメリカ・メキシコという国家が出来上がった時だというのである。彼らは、先述のターナーによるフロンティア学説を白人帝国主義の物語として批判した。他方、ボルトンによるボーダーランズ学説は白人と先住民との共生の物語として一定の評価を与えられるが、ヨーロッパ人と先住民が共に単純化されている点が問題だとされた。更に継続を強調しすぎると、変化を軽視することになってしまう。必要なのはフロンティアとボーダーランズとの両方に目配せをし、異文化が混交する様子と帝国勢力が競合する実態とを見極めることだ。例えば、主権国家が誕生する前のボーダーランズでは、ヨーロッパ帝国が競合していたので、いつどの勢力に加担するのかを戦略的に考えていた先住民がしたたかさを発揮できた。五大湖地方では七年戦争から一八一二年戦争まで英仏対立を先住民が自らの利益に沿うよう利用できた。まさに敵の敵は味方、といったところだろうか。しかし加米墨という国民国家ができると、境界地は国境となり、国家は対外的に自治を守ろうとしたのみならず対内的には誰が国民たりうるかを規定した、とアデルマンとアーロンは主張したのである。

北米境界地研究の先駆者であるボードとファン＝シェンデル並びにアデルマンとアーロンが歴史的「断絶」すなわち、十九世紀の主権国家誕生を契機に一大変化が起こったと論ずるのに対して、ジョンソンとグレイビルは歴史的「継続」を強調し、国民国家誕生後もカナダ・アメリカ、アメリカ・メキシコ国境線を越える多様な交換と影響の持続を例示したのである。確かに北米自由貿易協定が締結された一九九二年と比べると、同時多発テロ後の加米墨関係は冷えつつも、今なお三国の国境を越えて北米地域は着実に密接化している。にもかかわらず北米の歴史家は未だに内向きな一国主義に固執し、加米墨の緊密な関係性を検証するのに躊躇している、というのである。

こうした学術的閉鎖性を打破するため、ジョンソンとグレイビルは次のような問題群を提示した。すなわち、国境がなぜ、いかに形成され、誰が空間や集団を規定し、何を根拠に越境を許すのか、そもそも越境するのは何か、国境は誰にとっても同じ意味を持つのか、国境はどのように表象されるのか。そして時間と共に何ゆえ国境が変化してきたのか。そもそも国境は主権国家が構築されるのに伴い、社会的に「構築」されたものである。構築された中央から見れば確かに周縁となるが、歴史的にはそれ自体が主体として大切な役割を果たしていた。ボーダーは近代国民国家を大前提として論じられ、ボーダースタディーズにそのことが反映されるものの、歴史的には、境界地域に住む人々を積極的かつ継続的主体として考えることが大切だ、というのである。

北米境界地研究を代表する三例に共通しているのは、境界という概念を国境線ではなく、それを含むより広い空間として捉えている点であろう。加えて、複数の主権国家や人間社会、更には自然環境が隣接する領域とその境目（境界）をなすもの、また、そこに出入りする人・モノ・お金・情報を研究する学問である。ここで問われているのは、なぜ研究者たちが境界地を考察するようになったのか、彼らが研究対象とする境界地は時間が経過するのに伴って変化したか否か、こうした新しい越境研究が従来の国民国家を基本単位とする研究といかに異なるのか、といった点である。本書では、国境の中に閉じようとする地域研究を、様々な形で開いていく中で、こうした新しい方向へ導くことを試みてみたい。

〈参考文献〉

上智大学アメリカ・カナダ研究所編『北米研究入門――「ナショナル」を問い直す』上智大学出版、二〇一五年

小塩和人・岸上伸啓編『アメリカ・カナダ』朝倉書店、二〇〇六年

Baud, Michael and Willem Van Schendel. "Toward a Comparative History of Borderlands." *Journal of World History*, vol. 8, no. 2, 1997, pp. 211-42.

Adelman, Jeremy and Stephen Aron. "From Borderlands to Borders: Empires, Nation-States, and the Peoples in Between in North American History." *American Historical Review*, vol. 104, no. 3, 1999, pp. 814-41.

Johnson, Benjamin H., and Andrew R. Graybill. "Introduction: Borders and Their Historians in North America." *Bridging National Borders in North America: Transnational and Comparative Histories*, edited by Johnson and Graybill, Duke UP, 2010, pp. 1-32.

Q ディスカッション・クエスチョン

・加米墨という国家単位から北米大陸を一つの地域と捉える研究へと変化した要因を考えてみましょう。
・新しい北米地域研究のモデルの類似点と相違点、更には残された課題を整理してみましょう。

第二章　アメリカのキリスト教と終末論

――エルサレムを目指して

増井　志津代

二〇一七年にトランプ政権が打ち出したエルサレムへのアメリカ大使館移転は、現職大統領がツイッターを用いて予告する数々の発表の中でも、特に唐突な計画として世界中を驚かせた。翌年秋の中間選挙を控えた選挙対策が背景にあったにしても、これまでアメリカ大統領の誰も敢えて踏み出すことのなかった一線を、この宣言は超えた。イスラエルはエルサレムを自国の首都としているものの、国際社会はこれを承認しておらず、一九四七年以降、国連の永久信託統治下にある。そのため、各国大使館はアメリカ合衆国も含めて、テルアビブに置かれてきた。当然、パレスチナ、アラブ諸国のみならず、ヨーロッパ諸国からも批判を招いたが、大使館移転は二〇一八年五月実行に移された。

トランプ大統領の政策にいつもは批判的で、リベラルなはずのアメリカ・メディアは、これに関してはさほど強い批判はしていないように見える。大統領を支持する共和党に対立する民主党からも、目立った批判が起きてこないのはなぜなのだろう。世界三大宗教の聖地エルサレムはトランプ大統領の支援母体であるキリスト教保守派だけでなくユダヤ教徒にとって、むろん重要な都市である。それは、エルサレムが、過去と現在だけでなく、未来においても特別な意味を持つ場所だからだ。

ユダヤ・キリスト教では歴史は線的に進行し、その終わりが必ず来るものとされている。世界の終わりがどのように来るかについての様々な議論は終末論と呼ばれる。ここでは特に英米のキリスト教に特徴的な終末論におけるエルサレムの位置付けを歴史的に追いながら、現代政治にまで影響を与える宗教思想に注目してみたい。

聖地エルサレム

国連統治下にあるエルサレムは、ユダヤ教、イスラム教、キリスト教の聖地である。壁で囲まれた旧市街では、それぞれの宗教が微妙なバランスを保ちながら共存している。エルサレムから南に下ると、キリスト生誕の地ベツレヘムがある。ここはヨルダン川西岸に当たるため、現在は高い壁により分断されている。私が訪問した一九八〇年代には壁や検問はなく、エルサレムからアラブ系のバスに乗れば気軽に行けた。エルサレム新市街を走るユダヤ系の最新型ベンツ社製バスと比べると、ガソリンの匂いのするバスはガタガタ揺れて乗り心地は良くない。しかし、昔の日本のバスのようで懐かしい思いがした。

ベツレヘムはエルサレムから日帰りで行けるのどかな町だ。丘には羊が放牧され、新約聖書に描かれたのと同じ情景に見える。アラブ系キリスト教徒が住人で、聖降誕教会への道沿いではキリストの降誕した厩の情景を描いた木彫りオーナメントが観光土産としてたくさん販売されていた。エルサレムから南に下ったヘブロンには三大宗教の父祖アブラハムとその妻サラの墓がある。イスラム寺院の中にこの墓はあるので、キリスト教徒もユダヤ教徒も、二人の墓を訪れるためにはイスラム寺院に入ることになる。

当時、私はアメリカ、イリノイ州にあるキリスト教系の大学に留学していた。一年目の夏休み、考古学と聖書学の教授二名をリーダーとする短期プログラムに参加した。イタリア、ギリシャ、トルコの史跡を巡った後、エルサレムに長期滞在して旧新約時代の歴史と地理を史跡訪問しながら学ぶのが目的だった。

ローマでは史跡以外にカラカラ劇場でオペラ鑑賞、アテネではアクロポリスの丘のウォーキング・ツアーなどが含まれており、これは通常の観光旅行でも体験できる。この研修旅行が特別だったのは、トルコの山奥やイスラエルの荒野にある発掘調査現場といった、個人旅行では行けそうもない場所が含まれていたことだ。引率の考古学教授は、発掘調査のために頻繁に訪れた現地を熟知していた。イスラエルではチャーターしたバスで、北から南まで毎日のように周り、復元された史跡や発掘調査中の現場を、毎日埃だらけになりながら訪れた。北イスラエル王国の史跡を見るためにレバノンとの国境地帯に行くフィールド・トリップでは、昼食中、爆撃に巻き込まれそうになり、バスで急いで移動するというハプニングもあった。写真撮影禁止の軍事施設があちこちにある中東でのバス移動は、緊張感の伴うものだった。

イスラエル滞在の拠点はエルサレム旧市街、シオン門近くにある宿舎が併設された研究所で、乾季だったため、いくら掃除をしても砂漠の砂が部屋中をたちまち覆うのには閉口した。調査旅行が入らない日の自由時間には旧、新両市街のあちこちを回った。単独行動でなく、二名以上であれば自由に出かけることが昼夜を問わず許可されていた。

エルサレム旧市街は、キリスト教地区、ユダヤ教地区、イスラム教地区、そして、歴史上最初に民族全体がキリスト教に改宗したアルメニア人地区の四区画（クォーター）に分かれている。早朝にはアッラーに祈りを捧げるイスラム教徒の声が聞こえ、嘆きの壁の前では、毎日多くのユダヤ教徒が祈りを捧げている。旧市街では、多様な民族と宗教が共存しながらそれぞれの聖地を共有しているのだ。

キリスト教地区にある聖墳墓教会ではローマ・カトリック、ギリシャ正教、コプト教会のそれぞれが独自の典礼を執り行う。イスラム教の岩のドームとユダヤ教の嘆きの壁は隣接し、いずれも異教徒であっても自由に入ることができる。アルメニア人の居住区には修道院と神学校がある。強い香を焚いて行われる典礼では、仏教寺院にいる気分になる。訪問者の目には四区画に分けられた狭い旧市街で、三大宗教の信徒たちが平和的な共存を続けているように映るが、ここにもユダヤ人とパレスチナ人との権利の差という政治的な区分は持ち込まれている。

モダンで瀟洒な建造物の立ち並ぶ新市街にも時折出かけた。シャバット（安息日）明けの夕方には、あちこちでユダヤ民謡に合わせて、日本の盆踊りのような輪ができる。週末の楽しみは、皆で連れ立って民族音楽が聞こえて来る方向に行き、踊りの輪の中に飛び入り参加することだった。周りの人たちの所作を真似ながら哀愁を帯びた調べのユダヤ民謡に合わせて踊りのステップを踏んだ。自由時間の市内探索では地上だけでなく、地下にも足を運んだ。ユダの王ヘゼキヤが、紀元前七、八世紀にアッシリアの侵入から町を守るために築いたと言われるシロアム水道（通称「ヘゼキヤのトンネル」）は、エルサレム旧市街を横断する巨大な地下水道だ。暗闇の中、時には水が腰近くまで上がって来る地下道を歩くのはスリルもあり、夏の観光の人気スポットとなっている。より最近の調査では、この水道の歴史はアッシリア侵攻以前の紀元前九世紀にまで遡るとのことだ。

オリーブ山を目指す

ある日、みんなでオリーブ山に行こうということになり、一〇名程で宿舎から近いルートを探した。観光客の多い市街地を抜けるのは時間がかかるので、シオン門から一旦外に出て、旧市街を取り囲む壁の外側の丘を横切って行くことになった。丘沿いには墓地が広がり沢山の平坦な墓石が整然と並んでいる。怖いもの知らずのアメリカ人学生たちは平気で暮石に飛び乗ったり石の間をかいくぐったりしながらオリーブ山を登った。墓石の下には、「主よ、来てください」（マラナ・タ）という、聖書にある待望の言葉通り、救世主の来臨と終末における自らの復活を願い、この丘での埋葬を選んだ信仰深い人々が眠っている。紀元前から続くユダヤ人墓地のあるオリーブ山は、ヨーロッパやアメリカのキリスト教徒にとっては新約聖書に預言されたキリストの再臨、即ち歴史の終わりを迎える特別な舞台だ。キリスト教徒は終末における肉体の復活を信じて、ここに眠る場所を求めてきた。

ユダヤ・キリスト教では歴史は線的に経過するものと理解され、その終わりは必ずやってくると教える。聖書は、終末を預言する書物としても解釈されてきた。新約聖書「黙示録」や旧約の預言書は比喩的な表現で書かれているため、多様な解釈が可能だが、キリスト教の理解では磔刑の後、復活、昇天したキリストが再び地上に戻る時に世界の歴史が終わるとされる。再臨のタイミングについては大きく分けて三つの説がある。キリストが地上に戻られ、続いて至福千年の時代が始まるとする「前千年王国論」(Premillennialism)。これに対して、千年王国が先に開始して世界が改革された後にキリストの再臨が起きるとするのが「後千年王国論」(Postmillennialism)。理性的に聖書を解釈して再臨については何も語らない「無千年王国論」(Amillennialism)である。こうした千年王国思想はユダヤ教からキリスト教に継承されたもので、歴史上では抑圧的な為政者が現れる度に民衆の間で流行した。ヨーロッパやアメリカ等、ユダヤ・キリスト教の影響が強い諸国では、失われた十部族を含めたイスラエル十二部族に対する、終末における神の取り扱いは人々の関心を呼んできた。

終末論は民衆的な関心事であり、理性的な知識人は終末論にはさほど関心を示さない傾向にある。例えば、プロテスタント宗教改革者のマルティン・ルター(Martin Luther, 1483-1548)やジャン・カルヴァン(Jean Calvin, 1509-1564)は、無千年王国論の立場と理解される。宗教改革の時代、千年王国樹立を目指したドイツ農民戦争(一五二四～二五年)のような過激な民衆蜂起があった。しかし、聖職者トーマス・ミュンツァー（Thomas Müntzer, 1489-1525）が率いた神の国実現運動に、プロテスタント宗教改革の指導者ルターは背を向けた。

十七世紀ピューリタンの終末論と予型論

近世になっても終末論は、折に触れて流行した。イングランドでは一六四二年、オリヴァー・クロムウェル（Oliver Cromwell, 1599-1658）に率いられ革命を起こしたピューリタンの間で広まる。ピューリタン過激派は、世紀末一六九九年を終末と結びつけ、特に「第五王国派」（Fifth Monarchy Men）はバビロニア、ペルシア、マケドニア、ローマの次に到来するはずの五つ目の王国樹立を革命の目的とした。キリストの再臨とイスラエル十二部族の回復が革命後の新時代にもたらされるという解釈が過激派の間で流行したのである。

ピューリタンは「予型論」（Typology）と呼ばれる聖書解釈を行う。これを適用すると、例えばピューリタンを弾圧するステュアート朝の王たちは、「黙示録」において「予型」（type）として挙げられた終末に登場する獣の「原型」（antitype）と見なされ、真の信仰者を迫害する悪魔の勢力側と敵視された。こうした解釈は、政治的熱狂主義と結びつき、ステュアート朝の王を処刑するほどの民衆的エネルギーが掻き立てられたのだ。

新大陸に渡ったピューリタンの間でも、終末論は流行する。特に、ニューイングランドの先住民アルゴンキン族宣教に赴いたジョン・エリオット（John Eliot, 1604-1690）は、終末論の主要な思想家として大西洋の両岸で影響を与えた。エリオットは、聖書に登場する失われたイスラエルの十部族とアルゴンキン族を予型的に結びつけ、終末の時代におけるユダヤ人の回復を目指して熱心な宣教活動を行った。旧約聖書には、イスラエルの十部族がアッシリアに捕囚されたとの記録がある。この失われた十部族がアメリカ大陸に渡ったとする説は、ピューリタンの間で流行した。エリオットによるアルゴンキン族への熱心な宣教活動には、失われたイスラエルの

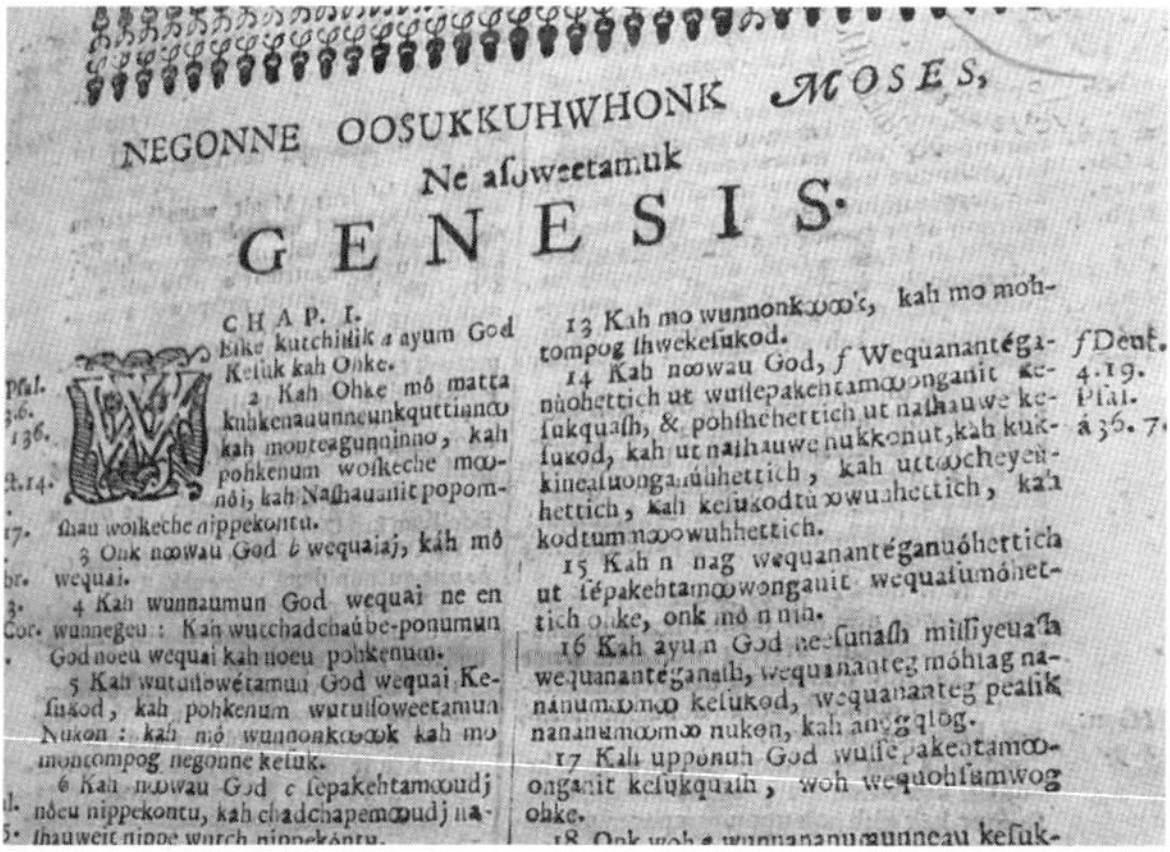
NEGONNE OOSUKKUHWHONK MOSES,
Ne asoweetamuk
GENESIS.
CHAP. I.

ジョン・エリオット『アルゴンキン語聖書』1663年、ハーヴァード大学ホートン図書館所蔵

回復という終末論に基づく目標があったと思われる。ニューイングランドで最初に印刷出版された聖書は、エリオットが翻訳したアルゴンキン語聖書である。キリストの王国樹立を目指すピューリタンの千年王国思想において、イスラエル十部族の回復と救済は特別な意味を持っていたのである。

独立革命と大覚醒運動

十八世紀、アメリカ独立革命直前に大覚醒運動（Great Awakening）と呼ばれる「信仰復興運動」（Revival movement）が起きる。アメリカ史を通じて、信仰復興は繰り返し起き、この最初のリバイバルは第一次大覚醒運動と呼ばれる。これを牽引したジョナサン・エドワーズ（Jonathan Edwards, 1703-1758）も千年王国論者である。一七三〇年代と四〇年代に起きたノーサンプトン周辺のリバイバルで、エドワーズは多くの人々が回心を表明し、町の若者たちが悔い改めて道徳的になっていく様子を仔細に観察して報告書を著した。彼は、このまま信仰復興が続くならば、新大陸アメリカから千年王国が開始するかもしれないと予見した。エドワーズは後千年王国論者で、歴史における特別な役割をアメリカに見出した最初の人物だ。『リバイバルに関する考察』（*Some Thoughts Concerning the Revival*, 1743）の中で、エドワーズは「神の教会の新しい形が実現開始するために、この新世界はおそらく発見されたのだ。この地上において、神の栄光に最も充ちた新しい教会がここで始まるようにと。神がここに新しい天と新しい地を創られるとき、霊的な意味での新世界が始まるかもしれない」と記している。

民衆的人気が高く、大西洋を往復して活躍したメソジストの伝道者ジョージ・ホイットフィールド（George Whitefield, 1714-1770）は、聴衆の感情を掻き立てる熱狂主義者と批判された。彼は、一七七〇年、ニューイングランドのニューベリーポートで客死するまで植民地の主要都市を巡回伝道し、広範囲にわたる影響を残す。熱狂主義の革命への影響という点で見ると、アメリカ独立革命には清教徒革命と共通する千年王国樹立を目指す熱狂主義が伴った。ホイットフィールドの日記や説教をアメリカ植民地で盛んに出版して信仰復興運動に貢献した印刷業者の一人は、後に合衆国建国の父に数えられるベンジャミン・フランクリン（Benjamin Franklin, 1706-1790）である。アメリカ独立革命は啓蒙主義の思想的影響を受けたワシントン、アダムズ、ジェファソン、マジソン等を中心に近代的革命として理解されるが、その背後にはリバイバルで醸成された熱狂主義があった。

第二次大覚醒運動とキリストの再臨

終末論は、アメリカ独立後のリバイバル、第二次大覚醒運動中にも再度流行する。十九世紀の千年王国論の中で、特に際立っているのがウィリアム・ミラー（William Miller, 1782-1849）による終末預言である。バプテストの説教者だったミラーは、一八四三〜四四年にかけてキリストがアメリカに再臨し、千年王国が開始すると具体的に預言した。この予告が新聞広告として配布されたことから、ミラーは一躍注目を浴びる。しかし、予言された日にキリストの再臨は起きなかった。ミラーと共に携挙（rapture）を待ち望んでいた信者は失望したものの、その予言は他の人々により更に解釈し直され、目に見えない再臨があったとするグループも登場した。こうして、セブンスデイ・アドヴェンティストをはじめとするミラー主義の新しい教派が形成されていった。

ジョナサン・エドワーズはリバイバルにより人々が回心し、次第により良い社会が建設されると考えたのだが、ミラーはキリストの再臨の後に千年王国が即時に開始すると考えた。エドワーズの立場は後千年王国論、ミラーは前千年王国論と区別できるが、重複するところも多い。十九世紀の第二次大覚醒期に社会改良運動に向かった人々は、次第に社会が良い方向に向かうとする後千年王国論を継承した。リバイバルの結果、多くの人々が回心し、改革が進む内に地上に千年王国が到来し、その後にキリストの再臨が続くと理解したのである。十九世紀リバイバルでは、聖書協会、トラクト協会、日曜学校連盟などの自発結社（voluntary society）が生まれる。更に、禁酒連盟、奴隷制廃止協会などの社会正義の実現を目指す団体等、多様な自発結社が生み出された。プロテスタントは、この頃から本格的な宣教活動を展開し始め、アメリカ西部のフロンティア地域宣教を始めとして海外にも多くの宣教師を送り出した。

ローマ・カトリック教会に二世紀遅れ、プロテスタント世界宣教が本格的に開始した第二次大覚醒期は、日本の明治維新の頃とほぼ重なる。一八五九年、開国した日本に最初のアメリカ人宣教師が渡来した。これらの宣教師の多くは東部ニューイングランド会衆派のアメリカン・ボードや長老派の人々である。しかし、アメリカ本土、特に広大な開拓地の西部で勢力を保ったのはバプテストやメソジスト、そしてミラー主義者のようにキリストの再臨を強調し、前千年王国論を標榜する新興教派グループであった。アメリカ西部開拓地への進出を新しい教派に先行されたピューリタン会衆派や長老派等、東部の福音主義主流派は、アメリカ国内宣教に出遅れたために海外に進出したのかもしれない。

江戸末期、密航によりアメリカ東部に渡りキリスト教に回心、明治日本に帰国後同志社大学を創立した新島襄（一八四三～九〇年）は、米国でこの第二次大覚醒のリバイバルを体験した。

内村鑑三（一八六一～一九三〇年）、新渡戸稲造（一八六二～一九三三年）、片山潜（一八五九～一九三三年）など、明治大正期の社会活動家や教育者の中にはアメリカで自発結社による教育改革、社会改革の方法を目の当たりに観察して帰国した日本人留学生が複数いる。

キリストの再臨を強調する前千年王国論者と社会改良に取り組む後千年王国論者の違いはあるが、千年王国論は民衆的な心情に寄り添いながら広く根付いていった。それは、十九世紀の流行小説にも影響を与える。例えばハリエット・ビーチャー・ストウ（Harriet Beecher Stowe, 1811-1896）によるベストセラー小説、『アンクル・トムの小屋』（*Uncle Tom's Cabin*, 1852）では、キリストによる罪からの解放と奴隷解放、そして社会改革による平等な社会建設のビジョンが千年王国の待望と共に掲げられている。

ファンダメンタリスト論争と終末論

十九世紀後半以降、千年王国論は更に新たな展開をする。アメリカに渡ったアイルランド系イギリス人の宗教指導者ジョン・ネルソン・ダービー（John Nelson Darby, 1800-1882）がディスペンセーショナル神学（Dispensational Theology）を打ち出し、新たな終末論を広めたのである。この神学は、二十世紀初頭になると、モダニズムに反発する根本主義者（Fundamentalists）

に支持され、現在においても保守キリスト教徒の間で根強い思想的影響を保っている。

英国教会のエリート牧師であったダービーは、次第にアングリカンの形式主義を嫌い始める。より純粋な形の教会を求めて教職を辞し、プリマス兄弟団（Plymouth Brethren）という新興教派の教師となる。やがて、グループのリーダーとなったダービーは前千年王国論を時系列的に解説したディスペンセーショナル神学（Dispensational Theology）を唱道する。旧約聖書から新約聖書、未来に至る歴史をそれぞれに異なる七種類の神の配剤の時（ディスペンセーション）として説明したのである。ダービーの終末論では、キリスト教徒とユダヤ教徒は区別され、それぞれが千年王国に向かって体験する終末に到るまでの運命を、字義的な聖書解釈を用いて分かりやすく図式的かつ劇的に解説した。

アメリカに渡ったディスペンセーショナリズムは、根本主義者の聖書学者、サイラス・I・スコフィールド（Silas I. Scofield, 1843-1921）の出版した聖書で取り上げられ、その信奉者を確実に獲得する。スコフィールドは欽定訳聖書にディスペンセーショナリズムを含む細かな注釈をつけて出版した。オックスフォード大学出版から刊行されたスコフィールド聖書は、版を重ねるベストセラーとなり、聖書に基づいた信仰を持つと自認する人々の間で瞬く間に受容されていった。こうして、ディスペンセーショナリズムはスコフィールド聖書に助けられ、聖書を字義通りに解釈する聖書的根本主義（Biblical Fundamentalism）の神学的特徴となっていく。

近代主義と根本主義の論争

二十世紀初頭の合衆国では、産業の発達や科学の発展によりもたらされた近代主義（Modernism）と伝統的聖書主義を擁護する根本主義（Fundamentalism）が対峙する。十九世紀の終わりにその兆しはあった。一八九〇年代、ドイツ流の高等批評と呼ばれる理性的聖書解釈が北米に渡り、伝統的な聖書主義を脅かし始める。聖書を字義通り解釈する人々は根本主義を自認し、近代的批評に寛容なモダニストとの間で論争が繰り広げられる。その論争はまず北部で開始した。ニューヨークの第一長老教会牧師、ハリー・エマソン・フォズディック（Harry Emerson Fosdick, 1878-1969）と長老派プリンストン神学校教授ジョン・グレシャム・メイチェン（John Gresham Machen, 1881-1937）が、キリスト教における近代主義の受容について論争を繰り広げたのである。科学の時代に聖書をどのように理解するかといった論争から始まったファンダメンタリスト対モダニストの分裂は、やがて近代化を受け入れる都市とそれに遅れる地方との対立構図に展開していった。北部長老派内の論争は、やがて社会現象となり、特に人類の起源を巡り、創造論と進化論の対立が始まる。

決定的な事件は、一九二五年七月、南部テネシー州のデイトンで起きた。進化論を学校で教えることを禁じる法律を制定したテネシー州で、これに反した教師のジョン・T・スコープス（John T. Scopes, 1900-1970）が裁判にかけられたのである。スコープスの弁護はニューヨークで活躍する社会派弁護士のクラレンス・ダロウ（Clarence Darrow, 1857-1938）が引き受けた。対する創造論側の論者は、元政治家のウィリアム・ジェニングズ・ブライアン（William Jennings Brian, 1860-1925）である。大物二人による法廷対決はメディアに注目され、裁判の進行は全米に逐一報じられた。裁判ではブライアンが勝利し、州法違反のスコープスは罰せられる。しかし、裁判終結から数日後、ブライアンは急死する。裁判中、ブライアンはメディアに徹底的に揶揄され、モダニズムや科学主義に抵抗する旧習派として嘲笑された。ブライアンの突然死は、聖書主義を固持して衰退するファンダメンタリズムのイメージと重なった。

ブライアンの政治家としての経歴に注目しておこう。中西部イリノイ州出身で、ネブラスカ選出の民主党議員ブライアンはウッドロー・ウィルソン大統領（Woodrow Wilson, 1856-1924）政権下、国務長官を務め、民主党大統領候補に三回選出された華々しい経歴を持つ。一八九〇年代、経済危機に窮する労働者や大草原地方の農業従事者の経済的救済を訴え、ブライアンは銀本位制を掲げて大統領選に臨む。一八九六年七月六日、シカゴの民主党大会で、金本位制が都市の資本家を潤わせ労働者や地方の農民を搾取する制度であると訴えた「金の十字架演説」(Cross of Gold Speech) により、ブライアンはポピュリズムの旗手として大衆の支持を獲得する。都市文化から取り残された中西部や南部の人々の心情の代弁者となったのである。選挙には敗退したものの、ブライアン的ポピュリズムは、その後のアメリカ政治に残存する。宗教保守とポピュリスト政治の結びつきは、近年ではトランプ大統領の選出にも見られる現象である。

スコープス裁判以降、宗教保守は主流メディアや政治との関係を断ち、衰退して行くかにみえた。しかし、草の根的な影響は、南部や中西部で広く深く残存する。ニューヨークに豪奢なタワーを複数所有する資本家トランプ大統領を、頑ななまでに実直なキリスト教徒ブライアンと単純に結びつけられないが、ブライアンを支持した中西部や南部の宗教保守と政治的ポピュリズムの結びつきは、明らかにトランプ大統領の誕生を促した。宗教保守は、一九八〇年、既にレーガン大統領選出あたりから、その影響力を政治の表舞台で表し始めていた。トランプ大統領には、現在でも根強く残るキリスト教保守による民衆的な支援がある。

前千年王国論の二十世紀的展開――ディスペンセーショナリズム

一九一七年のスコフィールド版聖書では、天地創造後の「無垢の時代」から歴史の終焉「千年王国時代」に至る世界の歴史が、神と人との関係を説明する七つの配剤区分（dispensation）に分けて説明される。これに基づき聖書を解釈する神学をディスペンセーショナリズム（Dispensationalism）と呼ぶ。スコフィールド聖書は、二十世紀初頭、ファンダメンタリストの間に広まり、ディスペンセーショナリズムは保守的な聖書主義者による歴史解釈の主軸となる。

スコープス裁判以降、アメリカのキリスト教はダーウィンの進化論を受け入れ近代科学を受容するモダニスト、それに反発するファンダメンタリストに分裂し、亀裂は現在まで続いている。細かい注釈つきで世界の歴史を終末まで説明するスコフィールド聖書は、ファンダメンタリストの神学的拠り所となる。ファンダメンタリズムは、特に中西部や南部の保守キリスト教徒の間で支持される。北部の都市を拠点とするモダニストと南部拠点のファンダメンタリストの間には、南北戦争以来の政治的な亀裂もある。大統領選で注目されるレッド・ステイツとブルー・ステイツに色分けされた地図は、宗教的な対立構図とほぼ重なる。共和党

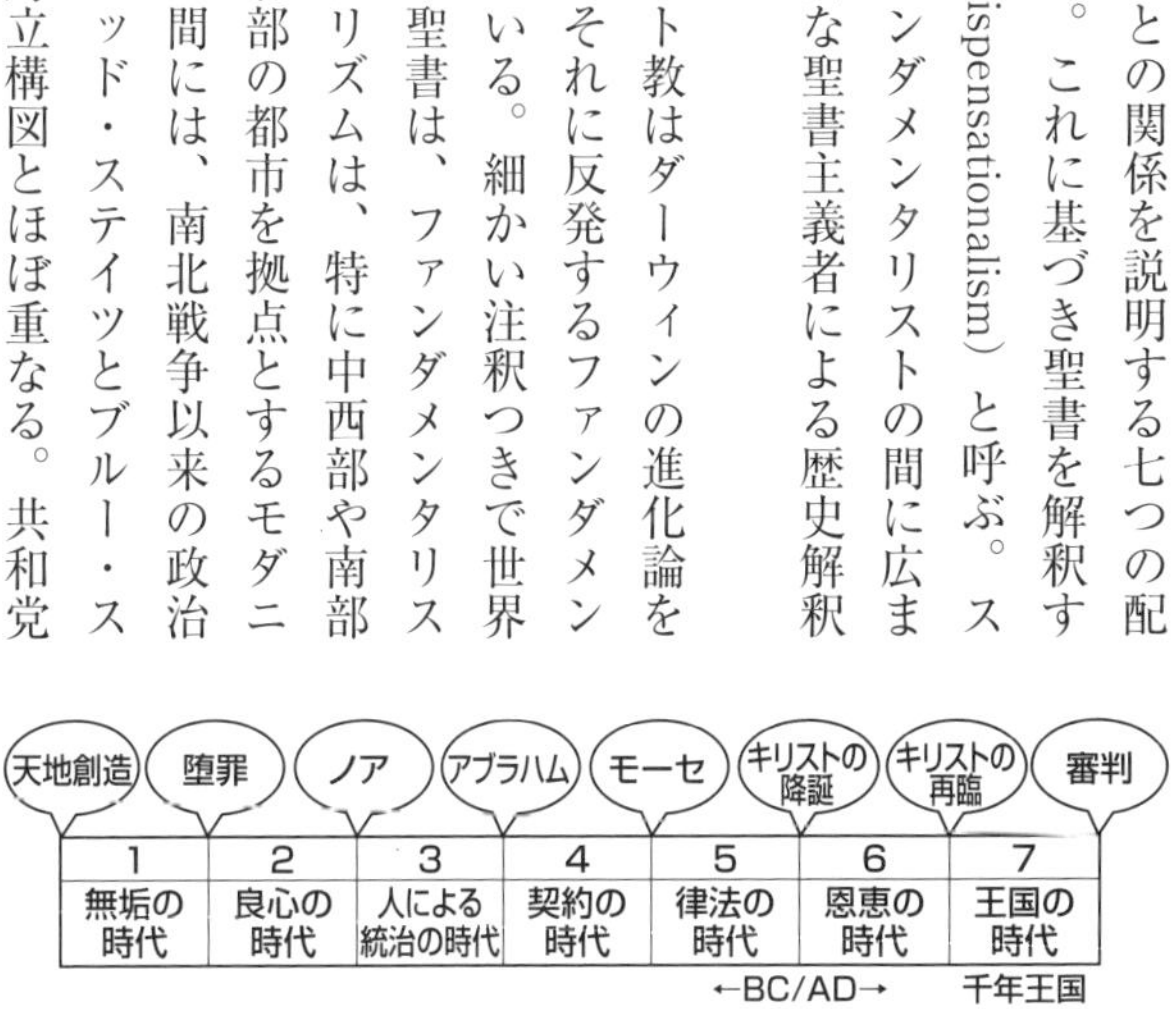

七つのディスペンセーション
参考：https://commons.wikimedia.org/wiki/File:Dispensationalism.png

支持を示す赤色、民主党支持の青色に分けられた地図は、アメリカにおける宗教的分断の様相をも示している。

終末論とエルサレム

ディスペンセーショナリズムは二十世紀後半以降もなお民衆的支持を得てきた。それは、聖書伝道者ハル・リンゼイ（Harold Lee "Hal" Lindsey, 1929-）による著作『地球最後の日』（*The Late, Great Planet Earth*, 1970）が出版されるや否や、ベストセラーとなったことからもわかる。一九七九年にオーソン・ウェルズをナレーターに映像化され、一九九〇年までに二八〇〇万部を売り上げたという。現代カリフォルニアを舞台に、キリストの再臨時に起きると信じられている信仰者の携挙後の情景描写から始まるこの本は、ディスペンセーショナリズムに基づく終末論に則って書かれた。

ユダヤ人の回復が歴史の終わりに起きると信じるディスペンセーショナリストは、ユダヤ民族のエルサレムへの帰還を目指すシオニズムに同調する。ディスペンセーショナリストにとって、一九四八年のイスラエル建国とユダヤ人のエルサレム帰還は聖書の預言が成就された証拠なのだ。聖書の預言通りに、世界は終末に向かって着実に進んでいると考えられている。

アメリカ合衆国とイスラエルとの政治的協調には各政権下で差があるものの、両国の緊密な関係は確かだ。これを支える一因がユダヤ・キリスト教の宗教思想にあることを本章では概説した。エルサレムを聖地とする三大一神教は、歴史遺産を共有し地理的にも分かち難い相互依存関係にある。宗教間の対立が歴史的事実ならば、エルサレム旧市街における三大宗教による空間の共有も現実である。こうした共有空間の認識と隣人の存在への気づきが、平和共存の志向と結びつくことが願われる。

〈参考文献〉

岩井淳『ピューリタン革命の世界史――国際関係のなかの千年王国論』ミネルヴァ書房、二〇一五年

森本あんり『アメリカ・キリスト教史――理念によって建てられた国の軌跡』新教出版社、二〇〇六年

上智大学アメリカ・カナダ研究所編『キリスト教のアメリカ的展開――継承と変容』上智大学出版、二〇一一年

アメリカ学会編『アメリカ文化事典』（六章「宗教」）丸善出版、二〇一八年

Edwards, Jonathan. *Some Thoughts Concerning the Revival*. Yale UP, 1972. vol. 4, of *The Works of Jonathan Edwards*.

Qディスカッション・クエスチョン

・エルサレムの帰属を巡る国際問題はシオニズムと関係します。シオニズムの背景について、どのような国家がこれを主導してきたのか調べてみましょう。

・日本における政治と宗教の関係で、過去が現在思想に影響を残している事例はあるでしょうか。具体例を取り上げて考察しましょう。

第三章

キリスト教青年運動と女性
――万国基督教学生連盟の草創期の活動から

石井　紀子

本章では十九世紀末から二十世紀初頭にかけて学生が中心となって展開したキリスト教の国際運動において女性の果たした役割を考える。その中には日本女性も含まれていた。北米地域の女性による国際運動はキリスト教を基盤とするものが多い。十九世紀後半から多くの女性たちは、キリスト教理念に基づいて様々な団体を結成し、キリスト教の布教や社会改良を求めて、海を越えて世界に繰り出していった。広く知られている団体は、婦人キリスト教禁酒同盟（Women's Christian Temperance Union, ＷＣＴＵ、一八七四年）、海外宣教学生志願運動（Student Volunteer Movement for Foreign Missions, ＳＶＭ、一八八六年）、万国基督教学生連盟（World Student Christian Federation, ＷＳＣＦ、一八九五年）、キリスト教青年会（Young Men's Christian Association, 以下ＹＭＣＡ、一八四四年）やキリスト教女子青年会（Young Women's Christian Association, 以下YWCA、一八五五年）等である。

特にこの内の海外宣教学生志願運動、万国基督教学生連盟、YMCAとYWCAには、対象を青年に絞っていたこと、聖職者ではなく一般信徒がリーダーシップを発揮したこと、更にキリスト教の様々な教派の違いを超える運動——これをエキュメニカル、若しくは超教派運動と呼ぶ——であるという共通点があった。これらの特徴はそれまでのキリスト教を基盤とする社会運動には見られない新しい特徴であった。

プロテスタントの一般信徒の運動として始まったキリスト教青年運動が組織化し発展したのは、世紀転換期から第一次世界大戦にかけて、大英帝国が衰退し、アメリカが帝国として頭角を現した時期と重なる。そのため近年の研究では、帝国史との関係を明らかにしようとするものが増えている。またその理念や活動が第一次世界大戦と第二次世界大戦の戦間期における平和運動や国際主義、更に第二次世界大戦後から冷戦初期にかけて浸透した人道主義やリベラルなキリスト教の系譜につながるものとして、改めて注目を集め始めている。

ところが、男性の運動についての研究は多い一方で女性の果たした役割についての研究はいまだ十分とは言えない。男性の団体であったYMCAはロックフェラーをはじめとする企業家からの巨額の寄付金を得て、資金力や人的資源が極めて潤沢だったが、それに比べて女性団体

写真１　ルース・ラウズ

写真２　河井道

であるＹＷＣＡはいずれも脆弱であった。女性のキリスト教運動としてジェンダーの観点から考えても、これは大変興味深い。女性のキリスト教運動の源流とも言える女性の海外伝道において、一九二〇年代は女性の伝道団体が解体され、男性の団体に吸収されたことから、女性の権威が衰退したとする研究が多い。しかしキリスト教青年運動においては男女混合の海外宣教学生志願運動や万国基督教学生連盟と男女別のＹＭＣＡとＹＷＣＡが混在しており、女性の権威が衰退したとも言い切れない。この現象はジェンダーについて何を示唆するのだろうか。果たして女性の影響力は衰退したと言えるのだろうか。

　本章ではこうした問題意識から世紀転換期のキリスト教青年運動の中で、アメリカがイギリスに代わって主導権を握るようになった転換点において、女性たちの果たした役割とその理念の形成過程を考える。具体的には、学生を対象とした海外宣教学生志願運動の中でも万国基督教学生連盟に注目し、その草創期（一八九五〜一九二〇年）において女性が果たした役割を初代女性幹事ルース・ラウズ（Ruth Rouse, 1872-1956）（写真1）と女子教育に貢献し一九二九年に恵泉女学園を創設する河井道（1877-1953）（写真2）の往復書簡や報告書の分析を通して考える。時系列に沿って、海外宣教学生志願運動及び万国基督教学生連盟の誕生と女性幹事ラウズの任命、ラウズと河井道の関係の順に検討していこう。

海外宣教学生志願運動の誕生

一八八六年北米マサチューセッツ州ノースフィールドにアメリカとカナダの大学八九校のYMCAから二五一名の男子学生代表が集まり、四週間に及ぶ夏期学校に参加した。ノースフィールドは十九世紀後半北米で最もよく知られた伝道者ドワイト・ムーディ（Dwight Moody, 1837-1899）の自宅のある場所だった。ムーディは既に一八八〇年から毎年、福音主義の牧師や一般信徒を集めて聖書研究会を開いていたが、この年の夏期学校は対象を初めて学生に限定し、将来の福音派プロテスタントの指導者を養成することを目的としたものとして注目されている。水泳やハイキングによって自然に触れる中で神の存在を感じ、宗教的情熱が高揚すると、一〇〇名の学生が「神に許可されるなら、海外宣教師を志願する」という誓願を立てた。その一〇〇名の中にはのちにキリスト教青年運動のリーダーとなり、一九四六年にはノーベル平和賞を受賞するコーネル大学の学生モット（John R. Mott, 1865-1955）もいた。一八八六年に高まったこの宗教的情熱は、一六七もの大学キャンパスで学生に海外宣教を呼び掛けることによって更に高揚し、ついに一八八八年のノースフィールド夏期学校で海外宣教学生志願運動が正式に結成された。彼らは独自の伝道団体を組織するのではなく、超教派の立場で既存の伝道団体の宣教師志願者募集活動を刺激し、後押しすることを目的とした。その方針が功を奏し、発足時には二二〇〇人もの学生が宣教師志願の誓いを立てた。実際、最初の八年で大学を卒業したアメリカ人八〇〇名とイギリス人三〇〇名が「この世代のうちに世界宣教を」という運動のスローガンを胸に宣教師として世界に繰り出していった。それを支える理念はキリストが再臨する至福千年を信じる終末論的メシアニズムだった（アメリカのキリスト教と終末論については、第二章参照）。なぜ一八八〇年代にキリスト教青年の間でこれほどの宗教的情熱の高揚が起きたのだろうか。オーストラリアの歴史学者ティレル（Ian Tyrrell）の研究によれば、国内外の複合的要因が作用しているという。アメリカ国内では南北戦争後の産業化・都市化の進展や、大陸横断鉄道・蒸気船や電信といった交通通信技術の発展により、急激な経済発展が進むと多くの移民が流入し、社会や経済がその変化に対応しきれず、労働争議や農民の反乱等が頻発、社会問題が噴出した。国外ではイギリス植民地のインドでヒンズー教や仏教の復興運動に宣教師が直面するなど、アジアやアフリカの植民地において土着宗教の復興運動や不可知論が浸透し、欧米出身のプロテスタント宣教師による海外宣教は危機に瀕していた。その中で宗教の多様性を容認する方向にヨーロッパの宣教思想も変化しつつあり、キリスト教以外の宗教の影響力拡大が懸念された。その反動として、環大西洋において信仰復興運動が高まり、新たな宣教方法が模索されていたのである。

北米はまさにこの時期に学生を対象とするキリスト教運動で頭角を現していくことになる。まず、イギリスで市井の若者たちが一八四四年に創設したＹＭＣＡを、北米各地の大学に設立することによって大学生を対象とする運動として体系化した。次に大学のＹＭＣＡに属している学生が集まって海外宣教学生志願運動や万国基督教学生連盟といった団体を組織し、キリスト教青年運動のネットワークやシステム構築を牽引した。北米で発足したこの運動はスカンジナビアやヨーロッパにも波及して、環大西洋的な運動として展開したが、新たに作られる学生のキリスト教国際運動や団体にはモットが創立者の一人として必ず名を連ねていた。そしてキリスト教宣教に関する最初の世界会議である一九一〇年のエジンバラ世界宣教会議（World

Missionary Conference）でも、海外宣教学生志願運動会長だったモットが議長を務めることとなり、キリスト教青年運動における北米の主導権が確立する。彼はそこでの基調講演において「この世代のうちに世界の隅々までキリストの福音が宣べ伝えられる」とストレートに切迫感をもって語り、学生たちを世界宣教へと奮い立たせた。

環大西洋的運動の産物として北米で誕生した海外宣教学生志願運動の特徴としてここで押さえておきたいのは、ムーディの伝道理念と方法である。ムーディは神学教育なども受けていなかったが靴販売業を行うかたわらで日曜学校を組織し、南北戦争では傷病兵を看取り、ＹＭＣＡ会長になると、都市部で進歩的なキリスト教を広め、聖書研究会や夏期学校を開いて青年活動を指導するなど都市伝道や大衆伝道に大きな功績を残した人物である。彼はゴスペル歌手の友人サンキー（Ira Sankey, 1840-1908）とともに一八七三年にイギリスに渡り、約二年間に渡って各地で伝道集会を開催した。彼らは牧師のガウン姿ではなく普通の背広姿で、平易な言葉を用いて信仰の基本を語り、歌にし、多くのイギリス青年の宗教的情熱を掻き立てて大成功を収めた。ムーディは、神学校教育を受けていなくても一般信徒が伝道者として活躍できる可能性を強調し、都市に住む大衆に福音の力を語りかけ、個人の信仰と道徳的な生き方を重視した。ムーディは十八世紀以来のアメリカの信仰復興の伝統を継承し、信仰復興の指導者のホイットフィールド（George Whitefield, 1714-1770）やフィニー（Charles Finney, 1792-1875）のように教派を超えた個人の自発的な回心を重視し、社会改良への貢献も目指した。こうした伝道の理念と方法が海外宣教学生志願運動においても継承されていった。

それでは女性は海外宣教学生志願運動の発足に際してどのような役割を果たしたのだろうか。従来はコーネル大学のモット、ＹＭＣＡの大学幹事だったウィシャード（Luther D. Wishard, 1854-1925）及びプリンストン大学のロバート・ワイルダー（Robert P.Wilder, 1863-1938）が一八八六年のノースフィールド夏期学校の呼びかけ人であったことから、この三名の男性が海外宣教学生志願運動の創設者として認知されてきた。しかしマウント・ホリヨーク女子セミナリーという女子高等教育の学校に一八七八年設立された「マウント・ホリヨーク海外宣教協会」（Mount Holyoke Missionary Association, ＭＨＭＡ）が北米の大学で設立された海外宣教学生団体の嚆矢だとする記録が残されている。その創設者はその後中国及び日本で伝道を行い、神戸女学院の理科教育にも貢献した女性医療宣教師のメアリ・アナ・ホルブルック（Mary Anna Holbrook, 1854-1910）であった。またメンバーとして影響力のあったグレース・ワイルダー（Grace E. Wilder, 1861-1911）はロバート・ワイルダーの姉にあたり、近年の研究では、グレースの影響を受けたロバートが海外宣教学生志願運動設立を呼び掛けたのだろうと指摘されている。また一八八六年ノースフィールド夏期学校における宗教的高揚の中、ウィシャードらが北米の大学を回って募った宣教師志願者のうち四人に一人は女性だった。つまり海外宣教学生志願運動を発案したのは女性であり、初期の宣教師志願者の二割以上も女性だったということになる。しかしこうした草創期における女性の活躍はその後語られなくなっていく。先述のティレルの指摘によれば一八八六年ノースフィールド夏期学校は、ヨーロッパ型の国際主義から北米型の世界宣教を主眼とする青年運動への転換点であり、その転換とともに北米では運動の男性化が台頭し、それまでの海外伝道を支えてきた女性の力が表舞台から姿を消し、「見えない」存在となっていった。

万国基督教学生連盟の誕生と初代女性幹事ラウズの任命

一八九五年八月、スウェーデンのヴァッセナ（Vadstena）城にスカンジナビア（原文ママ）のフリース（Karl Fries, 1861-1943）、アメリカのモットやウィシャードとイギリスやドイツを代表する六名のキリスト教信徒の男子学生が集まり、万国基督教学生連盟を結成した。設立目的は海外宣教学生志願運動などとの連携と各地の学生の宗教状況の情報収集、そして学生伝道を深化させ、世界各地の若者から宣教師になる人材を育成することだった。この六名に加え、伝道地の代表としてインド・日本・中国・南アフリカの代表を加えることを決めた。

これに先立つ一八八九年、ウィシャード来日を機に九六名の女性を含む五〇〇名以上の日本人学生からノースフィールド夏期学校に「キリストを王にすべし」という電報が送られた。東洋の異教徒の国である日本人学生のこの熱意が、比較的消極的だったスカンジナビアの学生たちの心を動かし、世界の隅々までキリスト教を伝える意義に気付くきっかけとなって海外宣教学生志願運動が盛り上がり、連盟結成にまで至ったと伝えられている。その後、万国基督教学生連盟は定期的に学生代表と委員が参加する大会を開いた。一九二五年までの三〇年間にヨーロッパ八ヵ国（スウェーデン・ドイツ・フランス・デンマーク・オランダ・イギリス・チェコ・スイス）とアジア二ヵ国（日本・中国）で各一回及びトルコ一回とアメリカ二回の合計一三回開催している。

万国基督教学生連盟の誕生は欧米に広がった世界宣教を目指すキリスト教青年運動に中国・日本・インド・アフリカといった近代化を求める非キリスト教圏伝道地の声も取り込もうとした点で新風を吹き込んだのだった。設立当初は伝道地に赴任していた宣教師が伝道地代表として参加していたが、次第に伝道地出身の学生の参加も増加していった。アジア・アフリカの代表が参加するようになると、彼らも平等な投票権を求めるようになり、欧米とアジア・アフリカの関係が対等でかつ、民主的な空間を作るために副会長等の要職には非キリスト教圏の代表が就くこととなった。

しかしながら万国基督教学生連盟への女性の正式参加は一〇年遅れる。議事録によると一九〇〇年のヴェルサイユ大会で初めて万国基督教学生連盟と女子学生の関係について男性委員より発言があり、世界宣教のためには女性の参加が必要であること、そしてそのために女性の別団体を作るのではなく、万国基督教学生連盟に男性も女性も参加するようになることが望ましいと決議された。実際には一九〇五年のオランダのザイスト（Zeist）大会で初めて女性の参加が許されることになったが、本会場で参加が許されたのは四つのセッションのみで、女性用のプログラムは別会場のドリーベルゲン（Driebergen）において別途開かれたのであった。しかしこの大会において女性委員会が設置され、女子学生のための初代の巡回幹事（travelling secretary）としてイギリス女性ラウズが任命された。一九〇七年の東京大会では女性会員の正式参加も初めて許可され、男性一〇七名に対し中国女性一〇名を含む女性二四名が参加している。そして一九二〇年になると女性委員会は解散し、委員会や大会への参加が男女平等に認められるようになるのである。

万国基督教学生連盟草創期の北米では女性は男性の領域から分離した女性の領域で働くべき

であるという十九世紀の白人女性のジェンダー規範が強く浸透しており、そのことを女性たち自身も望んでいたのであった。しかしラウズは一九〇七年に女性だけで行われたアメリカ・ニューヨーク州のシルバーベイ会議に出席し、アメリカ女性が女性の領域を守る男女分離主義に固執することの問題点を次のように指摘している。

女性のみに限定された会議や女性のみの運動にはある種の妙な難しさがある。シルバーベイ会議は多くの点で力強いものだったが、そこには私が女性だけの会議では避けて通ることができないと思う重大な欠落があった。人びとの心を力強くつかみ、神の前で深い罪の意識や謙虚さを生み出すような心に響くメッセージがなかったのである。私はアメリカのＹＷＣＡの会議や大会は常にこのように行われてきたと強く感じている。また、主流の学生キリスト教運動からも孤立しており、その結果［万国基督教学生］連盟や運動全体に影響を与えている大きな思想や考え方の刺激を受けることもない。そのために［北米女性たちの］運動は視野が狭く、限界がある。（著者訳、Ruth Rouse Papers）

ラウズは一八七二年ロンドンで綿花の仲介業を営む中産階級の家庭の長女として生まれた。

敬虔な福音主義の両親のもとで育ち、一八歳のときに英国国教会が主催する子供のための特別伝道ミッションに参加して回心を体験している。ケンブリッジ大学最初の女子カレッジの名門ガートン・カレッジ（Girton College）を卒業した高学歴の女性でもある。二年生のときにロバート・ワイルダーに会い、その二年後に海外宣教学生志願運動の誓いを立てた。卒業後はサンスクリット語を独学で学んで宣教師としてインドに赴任するが、健康を害して帰国、一八九四年の海外宣教学生志願運動大会でモットと出会ったことによって、万国基督教学生連盟に採用されたのである。イギリスの海外宣教学生志願運動の機関紙 *The Student Volunteer* の編集者を一年務めた後、万国基督教学生連盟でモットの有能な片腕として活躍を始める。彼女の最大の功績は一九〇五年に万国基督教学生連盟最初の女性幹事として着任して一九二四年に退任するまでの一九年間、巡回幹事として六六もの国々を訪問し、世界各地の女子学生や女性たちと接したことだった。ラウズはどんなに少人数の女子学生のグループとも個人的な友情を育む努力を続け、学生の資質を見抜いてリーダーを育成し、文通で育んだ厚い友情による福音伝道に才能を発揮した。ラウズは万国基督教学生連盟を「エキュメニズムのための実験室」と理解していた。ラウズの存在は世界の女子学生にとって万国基督教学生連盟の象徴となり、女子学生たちは人種や国籍にかかわらず、誰に対してもひとりの人間として純粋に接することの大切さを彼女から学んだ。神学や政治上のあらゆる論争や争いを避けて学生を福音の力に向かわせることにモットとラウズは成功したと言える。後年モットはラウズを評して次のように述べている。「英国人であり、女性であり、英国国教会員であったことからルース・ラウズはメソジスト派のアメリカ人〔モット〕との間で、最も完成された絶妙なバランスだった」。

ラウズは初代幹事就任前の一八九七年には最初の海外訪問としてスカンジナビアに行き、初めての仕事で教会に全く無視される困難の中であったにもかかわらず、ヘルシンキ大学で出会った女子学生の中から女子学生キリスト教連盟を結成することに成功している。そもそも万国基督教学生連盟の発足もスカンジナビアの男子学生の意識喚起によって可能になっているが、ラウズにとってもスカンジナビアの経験は良い出発点となった。

また彼女はモットの要請により一八九七年から一八ヵ月かけて北米の一〇〇以上の大学を訪問、カナダとアメリカのＹＷＣＡ大学部の幹事にも就任するなど北米ＹＷＣＡの活性化に貢献している。ラウズにとっても北米訪問はヨーロッパでは見られない宗教の働きを知る新鮮な経験だった。夏期学校や四年に一度の学生会議の重要性を認識し、学生数の少ない小規模大学の学生生活への影響力や、イギリスでは男女ともに最初から一緒に海外宣教学生志願運動に参加しているのに対して北米では男女別々にＹＭＣＡとＹＷＣＡを通して参加していることを知った。ヨーロッパの学生と違い宗教に反感がないことにも驚いた。またカナダではＹＷＣＡがＹＭＣＡより弱小であることを発見し、海外宣教に更に力を入れるためにもこれまで接点のなかった医学、美術や音楽を学ぶ学生にも接するよう指導した。更に広大な国土のために海外に目が向かない北米の学生を喚起するには卒業生を東洋に派遣し、女子教育の近代化が進みつつある現場を体験させることが必要と考えた。このようにラウズにとって北米訪問は学生の意識喚起の方法を考え、多様な大学教育の意味を学習する機会となり、またドッジ（Grace Dodge, 1856-1914）のように裕福な女性資産家の支援を確保するなど、その後の万国基督教学生連盟での仕事の基盤を作った経験であった。

最後に指摘したいのは、ラウズが身を粉にして取り組んだ戦時下の学生救済運動である。第一次世界大戦によってヨーロッパ各地で数多くの学生が被災し、飢え病んでいることを知ると万国基督教学生連盟の学生たちは各地で被災学生を集めて衣食住を提供し、医薬品や機関紙や本などの読み物も提供した。北米や日本を含む戦地とならなかった国ではＹＭＣＡやＹＷＣＡを通して寄付金を募り、万国基督教学生連盟を通して学生救済運動に提供した。この活動で重要だったのは、プロテスタント・カトリック・正教会・ユダヤ教会などの教派を超え、人種の別もなく平等に学生支援運動が展開されたことである。こうした活動はその後万国基督教学生連盟から独立し、ヨーロッパ学生救済事業（European Student Relief）となり、現在は国際学生協会（International Student Services）という超教派の団体として国際友好・難民支援・交換留学事業を継承している。

ラウズと河井道の関係

最後にラウズと河井道の一九一〇年代の往復書簡から万国基督教学生連盟への参加により女性が何を得たのかを考える。ラウズと河井道の出会いは一九〇七年の万国基督教学生連盟の東京大会においてであった。これはアジアで開催された初めての大会である。当初は一九〇四年に開催が予定されていたが日露戦争の勃発により一九〇七年に延期されたのだった。「この世代のうちに世界宣教を」を目指す万国基督教学生連盟にとって十九世紀後半に急激な近代化を遂げ、日清戦争に勝利した東洋の非キリスト教国の日本で大会を開くことは大きな意味を持つものであった。モットはそれまでにも二回日本を訪れて、東京でＹＭＣＡが急成長していることも知っており、日本側からの強い要望があったことに加えて、日本から発信することが世界の他の地域のキリスト教青年を感化するためにも効果的であると考えていた。この大会では

写真3　1907年万国基督教学生連盟東京大会一般委員会（日光）

「十九世紀は『オクシデント（西洋）』の宣教世紀といえよう。二十世紀は『オリエント（東洋）』の宣教世紀にしようではないか」などと高らかに宣言する者もいたという。

東京大会開催準備にあたったラウズは、日本YWCA総幹事のカナダ人女性マクドナルド（Caroline McDonald, 1874-1931）から、東京大会の参加者が多いこと、他の大会と違って学生よりも政財界・教育界の重鎮の挨拶が多いことなどの他、日本の女子学生の教育事情や宗教事情を視察するために、有力な日本女性の名前も事前に知らされていた。津田梅子、井深花に次いでリストの三番目に名前が記されていたのが河井道だった。

ラウズは東京大会で通訳の役割も果たして

いた河井道に出会うと、そのカリスマ性と明快に筋の通った議論をする聡明さにたちまち魅了された。彼女の資質を見込んだラウズは、河井が万国ＹＷＣＡのベルリン大会出席のために訪欧することを知ると、ヨーロッパの万国基督教学生連盟運動視察に招待する。その招きに応じた河井は一九〇九年八月から一〇年六月に北米に渡るまでイギリス、オランダ、フランス、ドイツ、スイスを訪問した。視察の一方、各地の教会や学校などで「なぜ極東や日本人学生に今キリスト教が必要なのか」、「留学生の義務」、「日本の学生の現状――その利点と弱点」や「東と西の理想の女性像」といったテーマで講演し、意見交換会なども行った。この旅で河井は、宗教や民族の多様性により紛争が続き国境が引き直される複雑な歴史を学んだ。その中で、河井は、まず万国基督教学生連盟がプロテスタントだけではなく、カトリック教会、正教会やユダヤ教にも門戸を開放しており、予想以上に広範囲にエキュメニカルであることに驚いた。

ドイツのフライブルクで二人の対照的なロシア女性に出会ったことも強く印象に残ったようである。ある五〇代のロシア人女性が日露戦争中に敵国である日本の女性のために祈っていたと語ったとして、「なぜそのように自分の祖国を裏切るようなことを言えるのだろうか。私への親切心で言ってくれたようだが、私はそのようなうわべだけの賛辞には我慢ならない」と、日露戦争に勝利してナショナリズムに目覚めた日本から来た河井はその言葉を信じることができず、一九一〇年に万国基督教学生連盟と万国ＹＷＣＡの常任理事会に提出した報告書で怒りを露わにしている。一方、同書には同じフライブルクで出会った別の若いロシア女性に対する正反対な感情も綴られている。「スウェーデンがロシアに負けて、先祖代々の故郷の町が陥落した様子を彼女が語ってくれたときには泣きそうになってしまった。彼女が声を震わせながら愛国心、正義感と革命的精神の矛盾する感情を吐露してくれた時、何と心から彼女を称賛したことか。日本古来の武士は『ここに気高い私の敵がいる』と述べたであろうし、日本人のキリスト教徒として彼女を『私の姉妹そして友人』と言えることを光栄に思う」。この若いロシア女性が戦争から逃れ一家でロシアからドイツに移住してきたものの、祖国としてロシアとロシアの人びとを愛していること、間違っているのはロシア人ではなくロシア政府であること、それゆえロシアにキリストが必要であることを訴えたことに河井は強く共感し、深い友情を結んだと報告している。のち一九三九年に英文で自叙伝 *My Lantern* を出版したときにも彼女との出会いを回想して「わたしたちは、互いに敵対国を代表しているけれども、古くからの友だちのようにそこに坐った。わたしたちは共にひざまずいて、彼女は日本のために、わたしはロシアのために、祈った。そして温く手を握って、二人に共通の救い主を通して国際平和のために働こうとちかった」と記述している。河井にとって愛国心はキリスト教信仰と同等に重要なものであって、この二人のロシア女性との出会いは、愛国心とキリスト教をどのようにつなぐかという問題を考えるきっかけとなった。

またイギリスや北米のように家庭的な大学文化のないドイツでは、学生キリスト教運動を行う難しさも痛感した。特にライプチヒは、カトリック教会や正教会の信徒数が多いことに加え、物質主義が浸透し、無神論の大学教授も多い。更に学生は毎年のように大学を変わることが多く、万国基督教学生連盟の運動を推進するのは困難であると分析している。

こうしたヨーロッパ各地での講演によって、多くの女子学生の視野を広げ、多大な影響を与えた功績を認めたラウズに強く推薦され、河井は万国基督教学生連盟の女性委員会の委員長に就任する。その後も一般委員会委員、日本ＹＷＣＡの総幹事、更に一九二〇年には、女性として初めて万国基督教学生連盟一般委員会の委員長兼連盟の副会長を歴任することとなった。

ラウズは河井に宛てた手紙の中で彼女が極めて「ユニークな経験」をしており、東アジアの女性でありながら、北米及びヨーロッパの青年キリスト教運動に精通している、二人といない貴重な人材であると評価している。特に一九一三年のアメリカ大会への参加を要請した際には、「言葉では言い尽くせないほど、あなたに出席してほしい」と強く訴えている。国外のことに関心がないアメリカの学生に万国基督教学生連盟の活動の意義を伝えるのは容易ではなく、ヨーロッパやアジアの事情を北米の学生に説明し、かつ北米の事情をヨーロッパやアジアの学生にわかりやすく説明できる天分の持ち主で、世界の女子学生を感化するのに特別な働きができる、河井のような人物が必要だと言うのである。

また河井は、女性委員会委員長や一般委員会委員への推薦についても、とてもその力はないと謙遜して断りつつも、名目のみなら引き受けたくないとして、万国基督教学生連盟における女性委員会と一般委員会の議事に対する決定権に差があるのではないかというようなことも確認している。欧米人に対して自らを対等な存在と考えていたことに加え、欧米の不均衡なジェンダー関係をも見通していたことが分かる。

ラウズはプロテスタント・カトリック・正教会とユダヤ教まで含めた広範囲のキリスト教の共存を志向しており、このような活動を通して人種・民族・宗教などの多様性を容認する新しいエキュメニカルな運動を求めるようになっていった。戦争により万国基督教学生連盟の学生たちが分断されても、キリスト教徒としてのアイデンティティさえ共有していればどんな困難も乗り越えられると彼女は信じていたのである。そしてエキュメニカルな世界を実現するために、西洋の女性が主導権を握るのではなく、西洋とその他の地域の女性が「対等な」関係を構築して、協力して運動を展開することが理想であった。しかしながらそのためには、河井のように全く異なる背景を持つ女性の存在があれば、欧米の学生ももっと広い視野から俯瞰して自分たちの相違や共通点を見出せるようになり、多様性の中の統一を達成するために有効であるとも考えていた。それは人種も宗教も異なる異教徒の東洋の女性がキリスト教によっていかに立派に変化したかを西洋の女性に示すことであった。多様性を容認し「対等な」関係を志しつつも、あくまでもキリスト教を文化的基盤に持つ欧米の女性たちを軸に北米、ヨーロッパやアジアの異なる女性をつなげようとしたのである。ラウズ指導のもと、北米女性が参加した万国基督教学生連盟のエキュメニカル運動でも、やがては北米を頂点とする関係が構築されていった。ここにラウズの限界も見てとれる。

他方、河井は海を渡って世界各地の女子学生とキリスト教のあり方やそれぞれの国の教育・宗教事情を学ぶ機会を得て、ヨーロッパのキリスト教青年運動が戦争やナショナリズムによる分断を乗り越えて広義のエキュメニカル運動に挑戦していることを学んだ。一九一二年ラウズ宛の書簡で「ヨーロッパ訪問のおかげで、日本のことわざで言うところの井の中の蛙だった自分の視野が広がり、一つの大きな海が見えてきただけではなく、神の業による複数の海が見えてきた」と語ったように、世界的視野を広げたのだった。その後日本が帝国として拡大し欧米との緊張関係が高まると、対等と謳いながらも北米を頂点とする女性たちとの連携にもほころびが目立つようになる。しかし満州事変で日米関係が悪化した際、彼女がキリスト教婦人運動家の久布白落実と共に英文で発刊した著書『日本婦人は語る――日本のキリスト教徒の婦人からアメリカのキリスト教徒の婦人へ（*Japanese Women Speak: A Message from the Christian Women of Japan to the Christian Women of America*）』（一九三四年）は、海外宣教熱を鼓舞するためにアメリカの女性たちが中心となって設立したアメリカ合同伝道研究中央委員会からの出版であった。河井はこの本の中で北米のキリスト教徒の女性に対して、キリスト教と日本女性の関係と発展を説明し、対等な女性として日本女性の置かれた状況への理解を求めた。日米関係が悪化する中、アメリカでこのような書物を出版できたのも、万国基督教学生連盟の学生による国際運動の中で西洋と東洋の女性が海を越えて議論を重ねることによって、多様性を容認し、対等な連携を求める理想が形成され、その訓練の場が提供されていたからであった。

このように見てくるとキリスト教の国際運動における女性の影響力は衰退したのではなく、貢献の形が変化しただけに過ぎないと言えるのではないだろうか。その背後には男女分離主義に固執する北米の女性たちと学生キリスト教運動の発展のために男女の協力を求めるヨーロッパ女性のジェンダー観の差異が存在することも浮き彫りとなった。学生によるキリスト教の国際運動において、女性たちは国境を越えて、それまで経験したことのない多様な宗教、人種や文化的背景を持つ女性たちとエキュメニカルな世界を実現するための議論をする場を育んだ。その結果、その理想を実現する方法には限界があったものの、西洋と東洋の非対称性を越える、多様な女性たちの対等な連携を目指す新たな地平線を切り拓いていったのである。

【写真1・3】Special Collections, Divinity Library, Yale University, John R. Mott Papers
【写真2】恵泉女学園史料室所蔵

〈参考文献〉

Franzén, Ruth. *Ruth Rouse among Students: Global, Missiological and Ecumenical Perspectives.* Swedish Institute of Mission Research, 2008.

Kawai, Michi. *My Lantern.* Keisen Girls' School, 1939.［河井道（学校法人恵泉女学園「わたしのランターン」翻訳委員会訳）『わたしのランターン』新教出版社、一九六八年］

Rouse, Ruth. *The World's Student Christian Federation: A History of the First Thirty Years.* SCM, 1948.

Special Collections, Divinity Library, Yale University, World Student Christian Federation

Records, Ruth Rouse Papers.
Tyrrell, Ian. *Reforming the World: The Creation of America's Moral Empire*. Princeton UP, 2010.
マーガレット・プラング『東京の白い天使――近代日本の社会改革に尽くした女性宣教師キャロライン・マクドナルド』鳥海百合子訳、教文館、一九九八年

Q ディスカッション・クエスチョン

・女性の運動で思いつくものはありますか。そこではどのような理念で何の活動を行っているのでしょうか。調べてみましょう。
・学生の国際運動で人をつなぐもの、分断するものは何だと思いますか。またなぜそう思いますか。話し合ってみましょう。

第二部　多文化・社会系

第四章

ヴェールを被る理由、被らない理由
――ケベックのムスリム女性たちの声を聴く

伊達　聖伸

カナダのケベック州は、北米にありながらフランス語を唯一の公用語とするユニークな地域である。『みんなの話題』（Tout le monde en parle）というトーク番組は、同じタイトルを持つフランスの番組の姉妹編。二〇一三年九月放映の番組では二人のムスリム女性がスタジオに登場した。一人は派手な銀色のジャケット姿で、髪はショートカット。もう一人はオレンジ色の服に紫を基調とするカラフルなスカーフを組み合わせ、頭髪を隠している。

ヴェールを被らないムスリム女性の代表ジェミラ・ベンハビブは、アルジェリア人の父とギリシア系の母のもと、ウクライナに生まれた。アルジェリアで育つも、政治運動に身を投じた家族がイスラーム主義者から死刑を宣告され、一家はフランスに亡命。その後単身でケベックに渡ってきた。彼女によれば、ヴェールは女性のみが被らされる性差別的なシンボルで、その背後にある男尊女卑の考えは受け入れられない。彼女はまた、世界にはヴェールを被らなかったために殺された女性が大勢いると訴える。

一方、ダリラ・アワダは、ケベックで生まれ育ったレバノン系。一三歳からヴェールを被るようになった。ケベック大学モントリオール校（UQAM）で社会学を学んだ彼女は、ベンハビブのように、内戦などを経験してヴェールにネガティヴな見解を持つようになる経緯は理解できるし、その意見は完全に尊重すると述べたうえで、自分にとって宗教は大切なものと主張する。自分は健全で幸福な子ども時代を送ってきたし、自分はスカーフを被ることで誰にも忍従していない。北米の政治的・社会的状況は世界の他の地域と同じではないことも踏まえるべきだとアピールする。

北米の法的枠組みは信教の自由に大きな余地を与えるもので、ケベックでヴェール着用に法的規制を加えるのは難しい。一方、ケベックはフランス語を公用語とするため、社会の議論がフランスと似てくるところがある（フランスでは、公立校での宗教的標章の着用を禁じる法律が二〇〇四年に、公的空間全般でニカブやブルカなどの全身を覆うヴェールの着用を禁じる法律が二〇一〇年に成立している）。

番組でも、スタジオからはベンハビブの発言に多くの拍手が送られ、アワダにはやや不躾な質問が投げかけられる場面が目についた印象がある。ともあれ、ヴェールは女性の自由と人権を抑圧する象徴であるという主張と、ヴェール着用は良心及び信教の自由であり個人の権利であるという主張が、真っ向から対立している構図である。

この番組が放映されたのは、ちょうどケベック州政府が公務員のヴェール着用を禁じる法案を準備していた時期だった。このときの法案は結局廃案となったが、ケベックのヴェール問題は一過性のものではなく、現代史の重要なトピックであり続けている。

世俗社会のルールか、ムスリムの信教の自由か。ヴェール問題はこの枠組みで語られることが多い。それはあながち間違いではないが、このような対決構図をこしらえると、ヴェール着用をめぐる繊細で豊かなニュアンスが、単純な図式に還元されてしまいがちである。本章は、ヴェール問題を通して北米のフランス語圏であるケベック社会の特徴を浮かびあがらせようとするものだが、その際にケベックのムスリム女性当事者（更には非ムスリム女性）の声に耳を傾けようとするものである。

社会的表象の持つ力と戦略的な生き方

ところで、当事者の声に耳を傾けるというのは、一見簡単そうに思われるかもしれないが、実のところはそうではない。その本質的な理由を説明するのに、やや迂遠ながら、狭義のヴェール問題の地平をいったん離れ、インド出身の文芸評論家ガヤトリ・スピヴァクが『サバルタンは語ることができるか』において展開した議論を紹介しておきたい。

サバルタンとは、社会の権力から疎外され、従属的な地位に留め置かれた人々のことである。スピヴァクが例に挙げるのは、ヒンドゥー教徒の寡婦が、亡夫の火葬用の薪にのぼって自分自身の身を焼く「サティー」と呼ばれる寡婦殉死の慣習である。インドを植民地化した英国人の目には、この慣習は「悪習」と映り、この儀式の廃止は「茶色い女性たちを茶色い男性たちから救い出す白人の男性たち」という図式のもとで語られてきた。

これに対し、インドの土着主義者たちは、「女性たちは実際に死ぬことを望んでいた」のだという反論を突きつけて、異議を申し立ててきた。二つの解釈は真っ向から対立するものだが、スピヴァクは「女性たちの声―意識」が見落とされ、不在である点において両者は共通していると指摘する。

「サバルタンは語ることができるのか」というスピヴァクの問いに倣って、「ムスリム女性はヴェールについて語ることができるのか」という問いを立ててみることができるだろう。実際、ヴェールを意味づける二つの大きな解釈の枠組みが対立する格好で既に存在しており、その対決構図そのものが、当事者の声を聞き取りにくくしているのである。

一方にあるのは、近代西洋がしばしばヴェール姿のムスリム女性に注ぐオリエンタリズム的な視線によって構成される表象体系である。それによれば、ヴェール姿の女性は髪を隠すことを男性のイスラーム主義者から強要されていると見なされがちである。

他方にあるのは、ムスリムがマジョリティを占める社会において、ヴェールをイスラーム的価値の表現として、近代西洋文化への抵抗の象徴と位置づける表象体系である。ところで、この表象体系も男性優位の社会のなかで構築されてきた面が強い。

近代西洋と家父長制。現代のムスリム女性は、ヴェールの意味を回収しようとするこれら二つの強力なベクトルがある磁場のもとに置かれている。しかしながら、イギリスによる植民地支配のもとに置かれていたインドのヒンドゥー教徒の寡婦との構図的類似に囚われすぎていても、目測を誤ることになるだろう。現代ケベックのムスリム女性は、多くの場合、語る言葉と場所を持っているからである。

もっとも、語る言葉と場所があるとしても、ヴェールに関する社会の解釈が簡単に変わるわけではない。それほどまでに、支配的な言説というのは根強いものである。それでもケベックのムスリム女性たちは、社会に存在する表象体系が強い力を持つ文脈を生きるなかで戦略的に主体を構築し、ヴェールの社会的な意味の書き換えに参与している。

当事者の声のほうへ――インタビュー調査

ケベック州には、現在およそ三〇万人（全人口の三・五％）のムスリムが暮らしている（二〇一七年時点）。一九九一年の国勢調査では約四万五〇〇〇人（〇・七％）、二〇〇一年には一一万近くにのぼり（一・五％）、二〇一一年には二四万人強（三・一％）だから、人口は急増しているが、全体的には今でもかなりのマイノリティである。

ケベック州のムスリムの九〇％はモントリオールとその周辺に居住している。出身地域は多様で、アフリカ・中東（アルジェリア、モロッコ、エジプト、トルコなど）からが六割強、アジア（パキスタン、イラン、バングラデシュ、アフガニスタンなど）からが三割強、ヨーロッパからが三％程度の内訳である。

ケベック州のムスリム女性でヴェールを着用する割合は一割程度。ただし、自分の意志でイスラームに改宗している場合には、着用の割合が高くなり六割ほどになる。なお、ニカブやブルカのように全身を覆うヴェールを着用する女性は極めて少なく、八〇〇万人を超える人口を抱えるケベック州全体で五〇〜一〇〇人程度と見積もられている。

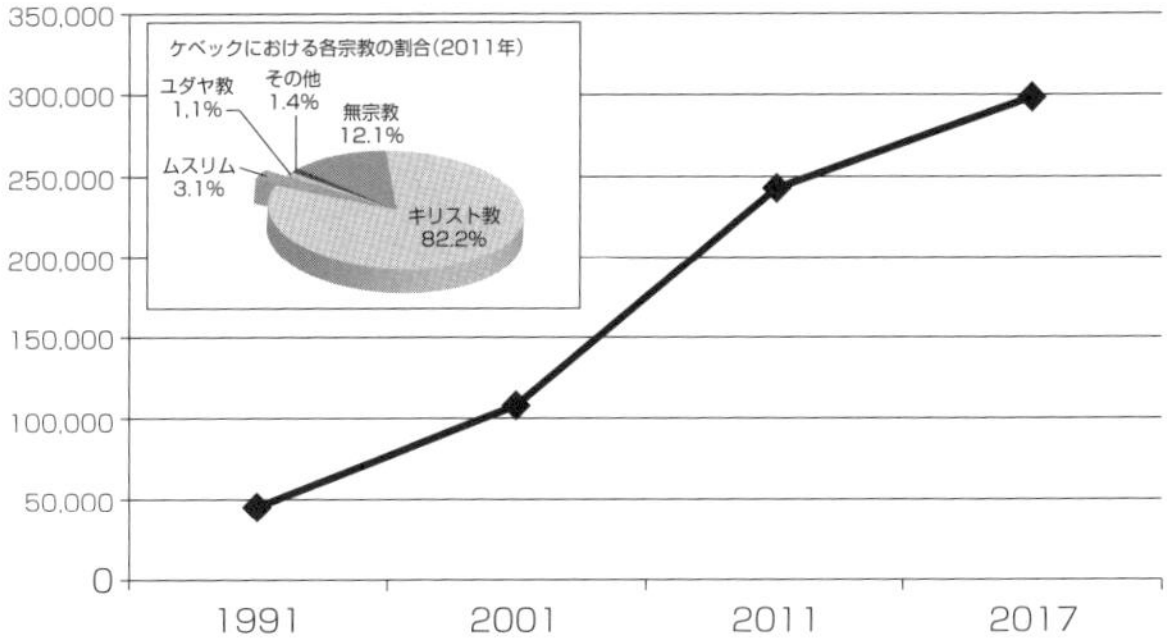

ケベックにおけるムスリム人口の推移

出典：Statistique Canada 1991, 2001, 2011; *Journal de Montréal*, 4 février 2017

ヴェールを被るのか、被らないのか。そして、当事者が下す判断はどのような理由に基づいているのか。インタビュー調査に基づく二つの研究を参照したい。

移民問題を専門とする社会学者ポール・エイドは、モントリオールに暮らす一〇代のムスリムの少女二〇人を対象にインタビューをしている（調査が行われたのは二〇〇九年）。二〇人のうち、三人はカナダ生まれ、中東・北アフリカ出身が一四人、あとはパキスタン、ギニア、中国からの移民の子女が一人ずつの内訳である。ヴェールの有無で分類すると、被っているのが一一人、被らないのが九人である。インタビュー参加者の出自の割合は、ケベック州在住のムスリムの出身地域の割合とある程度対応しており、エイド自身そのことを意識している。また彼は、インタビューへの参加を募るのは非常に困難で、特にヴェールを被る少女ほど、参加へのためらいが強かったと述べている。ここからは、ヴェール問題が政治的に非常にデリケートであることに加えて、当事者がヴェールについて尋ねられることは、しばしば居心地の悪い経験であることが読み取れるだろう。

ケンザ・ベニスは、モロッコ出身の女性ジャーナリスト。ムスリムのフェミニストとして、またケベックへの新規移民として、ヴェール問題に関心を向けてきた。モロッコにいた頃は、ヴェールに非常に否定的な見解を持っていた。それは再ヴェール化の波と、一九九〇年代に内戦に陥った隣国アルジェリアのイスラーム主義の進展が連動しているように見えていたからという。ところが、ケベックに移り住んだ彼女のなかで、ヴェールは次第に拒絶の対象から問いの対象になっていった。再ヴェール化の進んだモロッコではむしろ女性がより多くの権利を手にするようになった。ヴェール姿の女性をほとんど見かけなかったケベックでも、その数が増え、社会的な議論を巻き起こしている。彼女はヴェールについて、ケベック人女性八三人にインタビューしている。ヴェールを着用するムスリムが二八人、ヴェールを着用しないムスリムが二九人、そして非ムスリムが二六人という内訳だ。非ムスリムにもインタビューをしているのは、ヴェール問題の当事者はムスリムだけではないという問題意識の表われである。彼女たちの出身国は、フランスやベルギーから中東・北アフリカ、インドやパキスタンを経て中国やハイチにまで及ぶ。年齢層は一七歳から七五歳までと幅広い。同様の証言の繰り返しを避けるため、また匿名性を担保するために、仮名の人物を作りあげる操作が行われている（調査時期は明記されていないが二〇一〇年代と推測される）。

本章では以下、エイドとベニスのインタビュー調査から得られるムスリム女性（更には非ムスリム）の声をもとに、ステレオタイプ的なヴェール観を揺るがし、多様なヴェール解釈と彼女たちの生き様を浮かびあがらせていきたい。

社会的疎外とヴェール

三九歳のメリエムは、四年前からヴェールを被るようになった。二〇〇〇年にケベックにやってきてから、一〇年以上が経過している。当初は、人権と平和の国カナダにやってきたと希望に満ちていた。二人の娘には輝かしい未来が開けている。夫はエンジニア、自分は化学の専門家だ。仕事はすぐに見つかると思っていた。

それは誤りだった。いくら履歴書を送っても返事は来ない。一年経って夫は通信会社に仕事を見つけた。それまで積んできたキャリアを捨てて、受け入れた。でも自分は妥協したくない。

「ショックだった。返事が来ないわけ。ゼロよ。返事をくれる研究所がひとつもないの。信じられなかった。私はいつもクラスで一番だったのに」。メリエムは眠れなくなり、体調を壊して入院した。幸い大事には至らず身体は治ったが、心はズタズタだった。「精神療法家のところに行くとか、ヨガに通うとか、そんな選択肢もあったかもしれない。なぜか、私はコーランを買った。読めば落ち着くと思ったの」。

メリエムが生まれ育った家庭では、豚肉を食べないこと、ラマダン月の断食をすることは習慣になっていたが、誰も祈ってはいなかった。その彼女がケベックに来て、祈るようになった。彼女の祈りは瞑想に似ている。モスクには通わず、イスラームについてはインターネットを活用して学ぶ。彼女にとってヴェールは強要された義務ではなく、個人的な信仰の証だ。ヴェールを着用して街を歩けば、罵声を浴びせられることもあると知っていたが、それでも着用の道を選んだ。たしかに自分は「従属の女」かもしれない。だが、自分が従属するのは神に対してだけで、人に対しては誰にも従属していないという。

二六歳のナヘドは、それまで被っていたヴェールを四ヵ月前に外した。もはや我慢の限界だったという。ところが、それで自由になれたかと言えば、もぬけの殻のようになってしまった。「もう何もしたくない。仕事が終わったら、まっすぐ家に帰る。カーテンを閉めて、テレビを見る。外出はしない。メールが来ても返事はしない。友達にも会わない。買い物にも行かない」。なぜこのようなことになってしまったのだろうか。

ナヘドは言う。ヴェールのために仕事を見つけられない友達はたくさんいる。そんななか、自分は仕事にありつけたのだから運が良かった。けれども、ヴェール姿でレジ打ちをしていて、客からテロリスト扱いされたこともある。「なんであなたヴェールを被るようになったわけ？ケベックでは人々は男女平等のために闘ってきたのよ」と言われたこともある。田舎を旅行していたら、「あなた、イスラーム主義者？　フランス語、話せるの？」と言われて怖くなった。それでスカーフを外そうか考えるようになったという。

「外したら楽になると考えていた。でも状況はもっとひどくなった。みんなのことが恨めしい。『どうして？　どうして？　どうしてあなたはヴェールを被っているの？』みんな私がヴェールを被っている理由を言えと圧力をかけてきたわ。ところが、いざ外してみると、誰一人としてその理由を尋ねないの。誰一人としていないのよ！」

ナヘドは、社会の圧力に屈してヴェールを外してしまった自分よりも、ヴェールを被っていた頃のほうが自由だったという。

被っていなかったヴェールを着用するに至ったメリエムと、被っていたヴェールを外すに至ったナヘド。正反対の軌跡だが、社会的疎外の経験は共通している。

いつ被るかは自分が決める――ヴェール着用に付随する制約

ヴェールを被るのは宗教的義務だと感じているムスリム女性は多い。けれども、義務だから自分の意志は棚上げにして絶対に被るべきという論理にはならない。

「そうね、ヴェールの着用は義務だわ」と語るカタール出身の一八歳は、ヴェールを着用していない。なぜか。彼女は続ける。「でも、私たちの宗教では、誰もヴェールの着用を強制されない。ヴェールの着用を優先するかしないかは、結局のところは自分の選択の問題。決めるのは本当に本人次第なの」。

ケベック社会は、ヴェール姿の少女に対し、他人から強制されて着用しているのではないかとしばしば疑惑の眼差しを向ける。けれども、研究者たちによる調査から浮かびあがるのは、ヴェールを着用しているケベックのムスリムは、ほとんどみな自分の意志で被っているということだ。ポール・エイドが行ったインタビュー調査でも、ヴェールを他人から強制されて被っている少女はいなかったという。ただし、親を安心させるために被り始めたと示唆する少女はいたようだ。親の意向が子どもの判断に影響を及ぼすことを考慮すると、子どもの意志が常に確固と独立しているとはかぎらないことにも思い至る。

また、興味深いのは、エイドがインタビューしたヴェールを着用していない一〇代のムスリム女性のうち、ヴェールに断固とした否定的な意見を持っていたのは一人だけで、残りは全員、被るべきだが時期尚早と回答していることである。

「被ろうと思っているけど、準備ができていないの。だって、ヴェールを被ると、他のことにも関係してくるわけ。例えばもうプールには行けなくなる。男の子との関係も自制しなくちゃいけない。ヴェールをしていなければ、あれこれできる自由があると思えるけれど、ヴェールをしたら、自分の宗教をもっと尊重しなきゃという気になると思うの」。

「今はいろんな新しいことに挑戦したい。髪の色もしょっちゅう変えているし、あれこれやってみたい。でもいつか、やりたいことはやったと思えるときがくるはず」。今しかできないことをやったあとで、いずれ被るつもりという意見の表明である。

これらの言明には、いったんヴェールを被ると、さまざまな制約がついて回ることが示唆されている。ヴェールには性道徳的な意味もあり、たしかに被っているほうが身持ちがよいと周囲からは判断される。だからこそ、ヴェールを着用しない女性は、自分自身の言動が非道徳的に見られることのないよう、注意を払うことにもなる。「私はヴェールを被らないけれど、だからといってミニスカートなんかを穿いたりしない」と語るアルジェリア出身の一五歳の発言に、その様子の一端を窺うことができる。

ヴェールを着用していないムスリム女性は、ヴェールを着用しているのにそれに見合った倫理的な振る舞いをしていないと判断されるムスリム女性に、厳しい視線を向けることがある。自分ではヴェールを被らないレバノン出身の一七歳はこう言う。「ヴェールを被った女の子が〔体のラインが見える〕ぴっちりした服を着ているのを見るのは本当に嫌。辻褄が合っていないでしょ。ヴェールを身につけることは、けじめをつけるということ。これじゃ、ヴェールを被らないで、男の子と遊びに出かけるのと同じ」。

ところ変われば……――宗教性の行方

ヴェールを着用している二一歳のラフィーカは、自分の容姿の美しさを自分で意識しており、それを隠そうとはしていない。「大人しくしていなきゃいけないのは知っている。でも無理。私は美しくありたいの」。中学校の頃から知っている男の子と三年前から付き合い出し、去年初めて性行為をした。「とても大きな葛藤があった。私たちの宗教では許されていないのだから。性的関係を持つのは、結婚した男女じゃなくちゃいけないの」。しかも相手は非ムスリムだ。

ただ、彼のほうでもいろいろと気を遣って、彼女の宗教の実践を妨げるようなことは無理強いしてこないという。

「最初はちょっと罪の意識を感じた。でも、それは終わって、罪とは思わなくなった。神さまは私の心をお見通しだと思う。処女じゃないから地獄落ちとはならないはず。今の私はものすごくスピリチュアルなの。祈るし、ちゃんと断食もするし、よく神さまに語りかける。婚前交渉したとか、たまにアルコールを飲むからって、神さまが私を罰するとは思えない」。

自分は宗教の掟を破ってしまったのだろうかという意識がどこかにあったラフィーカ。けれども「内側から変わった」ことで、「よりスピリチュアルになった」と感じている。彼女はコーランを読もうと心に決めた。何が書いてあるかは親や友達から教わり、インターネットも活用するが、モスクには通わない。「モスクでイマーム〔イスラームの宗教指導者〕の説教を聞いたことがあるけど、何も理解できなかった。だってアラビア語なんだもの。私たちの言語じゃない」。

コーランは神の言葉をそのまま書き留めたものとされ、イスラームではアラビア語が特権的な言語だが、ラフィーカは制度から離れたところで、フランス語を通して、自分のスピリチュアリティを磨こうとしている。

マナールは一八歳。ヴェールを被り、モスクにも通う。彼女にとってモスクは祈りの場であると同時に「第二の家族」ともいうべき存在だ。彼女の考えでは、ヴェールを被ったムスリム女性は、イスラームの教えに従い、しかるべき行動規範を守らなければならない。「ヴェールを被っていながら、男の人と握手する女性のことが理解できない。ヴェールは男女の肉体的な接触を制限するためのものなのだから」。もちろん彼女は、人間の振る舞いを判断するのは神だということは理解している。けれども、形だけヴェールを被っている女性の宗教性は高くないと考えている。

「アラブの国々では、ヒジャブを被っていながら、体のラインが見える服を着て、厚化粧をする女の人が大勢いる。そうじゃないのよ、ヒジャブは。ああいう国々では、ヴェールの深い意味は失われてしまったと思う。あっちでは、ただの慣習のようなもの。もはや宗教的なものではないわ。だからこそ強制的に被らされているのよ。よくわからないけど。ヒジャブを被るよう強制するのはよくないことだと思う。こっちには、自由がある。私たちの宗教を選びとって、よりよく知ることができる」。

アラビア生まれの宗教であるイスラームが、当地で宗教性を失い、むしろカナダでその宗教性を発展させることができる、という言明である。

ヴェールを被るレバノン出身の一六歳も、レバノンでヴェールを被ることは社会的圧力によるもの、モントリオールでは女性の精神的探求に関わるもの、と語っている。

ケベックで生まれ育ったムスリム女性の大部分は、世俗的な民主主義の体制で生きることを望んでおり、サウジアラビアやイランの神権政治をしばしば批判している。

黒人ムスリム女性の場合

三四歳のリムは、ヴェールを被るアフリカ系の黒人女性だ。「あなたムスリム？　改宗したの？」「もしかしてアラブ人？」「アラブ系アフリカ人っているの？」「あなた自身でヴェールを被るのを選んだの？」「どうしてケベックに移民してきたの？」など、これまでさんざん不躾な質問を浴びせかけられてきた。独身だと説明しても、夫に被らされているとか、モスクには通わないと言っても、イマームから被るよう言われているとか、一人合点されてきた。

それでも彼女は言う。「このヴェールのおかげで自分は強くなれた。何度も何度も説明しなければならないから。イスラームについても多くのことを知るようになった。たくさん質問を受けて、自分の宗教について多くのことを学ぶことになった」。

薬局の店員からは、フランス語ができない客を相手にするような態度で処方箋の説明を受けたこともある。フランス語は自分の母語なのに。「どこから来たのと聞かれると傷ついてしまう。だって私はケベック人だから。ケベックで生まれ、ケベックで育ち、友達もケベック人。私の生活もここにある」。「結局のところ、私も西洋人なの。アフリカに行くと、そのことを実感する。私の振る舞いを見ていると、外国人だとわかると言われる」。

一方、三一歳のアイサトゥーは、普段はヴェールを被らない黒人ムスリムだ。ムスリムらしい外見ではないので、「え、あなたムスリムだったの？」とよく驚かれる。「ここじゃ、ヴェールを被ったアラブ人でないと、ムスリムとは思ってもらえないみたい」。

それでも、ムスリムらしく見えないことの利点もあるとアイサトゥーは語る。「周りの人は〔私がムスリムとは思っていないので〕自分が本当に思っていることを喋るわけ。もちろん嫌な気持ちになることもある。二人の同僚の会話を聞いたことがあるの。『まさか彼女を採用しないわよね、ヴェールを被っているわけだし』。本当にそう言ったのよ。ポリティカル・コレクトネスなどお構いなし」。

普段はヴェールを被らないアイサトゥーだが、モスクに行くときは被るという。断食月であるラマダンの期間中も、頭にターバンを巻くことがある。彼女にとってヴェールはそのような習慣上の問題で、信仰の問題ではないという。

非ムスリムの見解

非ムスリムの例も見ておこう。七一歳になるドゥニーズは、いわゆる「生粋のケベック人」。ヴェールは生理的に受けつけない。その理由は昔の苦労にある。一九六〇年代の「静かな革命」以前のケベックでは、宗教の力は絶大だった。「日曜日には必ず教会に行って、祈りを捧げて告解をした。司祭様のご加護がなければ何もできなかったの。どの家も子どもを一人教会に差し出して、修道士か修道女にしたものよ。あるとき、うちの母が子どもはもういいと決めた。既に四人を産んでいて、そのたびに死にかけて、もう無理となったわけ。今だったら、ホルモンに問題があるとか、骨盤が小さいとか、医者が問題を見つけたと思うけど、当時は医学があまり進んでいなかった。〔……〕もう産まないと言った母に、司祭は耳を貸さなかった。彼女を罰し、私たち一家はミサに行くのを禁止されたの」。

ヴェールの女性を見ると、一連の思い出がよみがえってくるというドゥニーズ。「この前スーパーに行ったら、レジの店員がヴェールを被っていたから列を変えたわ。ああいう女性とは接点を持ちたくないの」。自分たちは、かつてのあの状態から抜け出すのに多大な努力をした。「ムスリム女性にヴェールを被れと言うイマームは、カトリックの聖職者と同じ。〔……〕宗教は男性が私たち女性を支配するために見つけた手段なのよ！」

ただ、二十世紀半ばまでケベック社会の根幹を形作ってきたマジョリティ宗教と、現代のマイノリティ宗教を同列に並べてよいか、疑問が残るところではある。

二八歳のノエミは中国系。「見た目は黄色」かもしれないけれど、「中身は白人」だからと自分を「バナナ」にたとえる。ムスリムではないが、街でヴェールの女性を見かけたら、にっこり微笑むようにしている。その理由は家族の歴史にある。中国から亡命してきたのは祖父母の代。家父長的な祖父は家事を一切しなかった。祖母は孫には優しかったが、娘である母のことは厳しく育てた。母は祖母と衝突ばかりしていたが、ケベックに来てからの苦労に理解を示す話を、自分にしてくれたことがある。

「おばあちゃんがムスリムだったら、従属の女って言われるに違いないわ。そして旦那がマッチョだって。奴らは自分たちの共同体に閉じこもっていて、ケベック社会への統合を望んでいないって。だから私は、ヴェールの女性たちに微笑むようにしているの」。

流通するステレオタイプと多様な現実とのあいだ

最後のノエミの例は、ケベックの主文化とマイノリティ文化のあいだに折り合いをつけるとともに、マイノリティ文化同士の交流を促し、統合をはかる「間文化主義」の精神につながるところがあるかもしれない。

たしかに、ヴェールを被るムスリム女性については、「周囲から被ることを強制されている」というステレオタイプが社会に流通している。だが実際には、ケベックのムスリム女性当事者は、実にさまざまな理由に基づいて、ヴェールを被ったり、被らなかったりしている。彼女たちの声に耳を傾けることで、そのような主体的な戦略が見えてくる。

【追記】　二〇一九年六月、ケベック未来連合（ＣＡＱ）のフランソワ・ルゴー政権は、公立校の教員のヴェール着用を禁じる法律を採択した。禁止を歓迎する声もあれば、反対運動も起きており、ケベック社会の分断の様子が窺える。

〈**参考文献**〉

伊達聖伸「ケベックのヴェール論争――争点の移動と対決の構図」『思想』二〇一八年、一〇月号

Ｇ・Ｃ・スピヴァク『サバルタンは語ることができるか』上村忠男訳、みすず書房、一九九八年（原一九八八年）

ジェラール・ブシャール『間文化主義――多文化共生の新しい可能性』丹羽卓監訳、彩流社、二〇

一七年（原二〇一二年）
クリスチャン・ヨプケ『ヴェール論争――リベラリズムの試練』伊藤豊・長谷川一年・竹島博之訳、法政大学出版局、二〇一五年（原二〇〇九年）
Eid, Paul. "Balancing Agency, Gender and Race: How Do Muslim Female Teenagers in Quebec Negotiate the Social Meanings Embedded in the Hijab?" *Ethnic and Racial Studies*, 2015, pp. 1902-17.
Bennis, Kenza. *Les monologues du voile : Des Québécoises se racontent*. Robert Laffont, 2017.

Q ディスカッション・クエスチョン

・ケベックのムスリム女性のように、社会に暮らすマイノリティの声を聴くのがしばしば難しいのはなぜでしょうか。耳を澄まして聴き取るには、どうすれば良いか考えてみましょう。

・ケベックのムスリム女性（及び非ムスリム女性）のヴェール観は非常に多様ですが、あなたにとって特に発見だったのはどのような見方ですか。授業の受講者や友達などとも議論してみましょう。

第五章

北米地域の先住民と大学
——米国における学生支援とネットワーク構築

水谷　裕佳

先住民の人々は、世界各地の様々な場所で生活している。国連広報センターによれば、世界には現在五千以上の先住民族（集団）が存在し、先住民の人々（個人）の数は三億七千万人を超える。北米大陸にも数多くの先住民族が、祖先から継承されてきた文化や言語を守りつつ、現代の技術を利用して暮らしている。国境を越えた人の往来が盛んな今日においては、旅行者や留学生として訪れた北米地域で知らないうちに先住民族と出会っている人々も多い。本章では、現代北米地域の先住民に関する基礎的な事項について、先住民の大学生を取り巻く状況を解説しながら述べる。

北米大陸の先住民族やトライブの多様性

本論に入る前に、北米地域の先住民族やトライブの多様性について説明する。日本語で「北米大陸の先住民族」と書いた場合、あたかも一つの集合体に見える。しかしそれは、入植者の到来以前から北米大陸に存在した多様な文化や社会を持つ諸民族の総称でしかない。例えるならば、日本、タイ、インドなど、一定の共通項を持ちながらもそれぞれ別の文化や社会を持つ国々の集まりを「アジア地域」と呼ぶことに似ている。

アラスカを除く米国大陸部の諸州に居住する先住民族を総称するために広く使われているのは「ネイティブ・アメリカン」という呼称である。連邦政府が発行する公的な文書や法律の文面においては「アメリカン・インディアン」という呼称が用いられている。歴史を振り返ればインディアンという呼称に差別的な意味合いが含まれていたため、現在では前者の呼称を好んで用いる人々も少なくない。一方で、先住民の人々自身が誇りをもって後者の呼称を用いる場合もある。大陸部の諸州とは異なる歴史的経緯を経て米国領土となったアラスカ州に居住する諸先住民族は「アラスカ・ネイティブ」と称され、同じく独自の歴史を持つハワイ州の先住民族は「ネイティブ・ハワイアン」と称されることが多い。

カナダにおいては、「アボリジナル・ピープル」という総称が広く用いられている。この呼称に含まれる人々の中には、大まかに分けて「ファースト・ネーション」、「イヌイト」、「メイティ」の三つの集団がある。簡略に説明すると、イヌイトはカナダの北部に居住する諸先住民族であり、その他の地域に居住する諸先住民族がファースト・ネーションと呼ばれている。そして、新大陸への入植者と先住民族の間に生まれた人々が、独自の文化や社会を持つ集団となったのがメイティである。メキシコにおいては、先住民の人々は「インディヘナ」と総称されている。

世界中の先住民族全体を指す「インディジナス・ピープル」という総称も、北米地域で広く使われている。また近年は、先住民族の人や土地などを総称して「ネーション」（ナバホ・ネーション、ホピ・ネーションなど）という用語も頻繁に使われている。しかし、「ネイティブ・アメリカン」や「インディジナス・ピープル」といった呼称で一括りにされるよりも、民族固有の名称が用いられることを好む人々は多い。

それでは、北米地域にはどれくらいの数の先住民族が存在するのだろうか。今日においては、言語の違いによって民族のまとまりを捉えることが多く、先住民言語の数に関するデータは先住民族の数を大まかに把握することに役立つ。世界の言語について解説された辞典として著名なエスノログのオンライン版によれば、米国に現存する言語は二一九あり、そのうち一九四言語は先住民言語である。一方カナダに現存する言語は九六あり、そのうち七九言語が先住民言語である。更に、エスノログによれば、北米大陸の一部を構成するメキシコには、二八二の先住民言語が現存することから、多様な先住民族が生活していることが分かる。現実的には民族は言語の違いだけで捉えられる単純なものではない上、国境の両側で話されている先住民言語もあるために、これらの数を足しただけでは民族の数を厳密に知ることはできない。しかし、北米地域には数百にも上る多様な先住民族が暮らしていることが分かる。

先住民族の呼称には、入植者が定め、広めた呼称の他に、民族の言語による元来の呼称が存在することも多い。例えば、日本でも知る人の多い先住民族ナバホは、彼らの言語において自らの民族をディネと呼ぶ。ネイティブ・ハワイアンにも、ハワイ語によるカナカ・マオリという民族の呼称が存在する。近年は、先住民言語による元来の呼称に公的な名称を変更する民族も見受けられる。

米国には、民族という枠組み以外に、「(インディアン・)トライブ」という集団的な枠組みがある。通常トライブという単語の日本語訳には部族、種族といった言葉が充てられている。しかし、米国では、文化や社会を基盤として自然に形成された集団という意味ではなく、連邦政府によって認定を受け、一定の主権を持つアラスカを含む米国大陸部の先住民の集団を意味する。米国内務省インディアン局（Bureau of Indian Affairs）によると、二〇一九年三月時点において、五七三のトライブが連邦政府からの認定を受けている。現在の制度においては、一つの民族が一つのトライブとされている場合もあるが、一つのトライブに複数の民族がまとめられていたり、一つの民族が複数のトライブに分割されていたりすることもあるため、トライブの数は米国内の先住民族の数とは一致しない。米国の連邦政府と連邦政府認定トライブの政府の間には様々な条約が結ばれ、両者は国内において対等な関係（nation-to-nation relationship）にあることが法律で定められている。いくつかの州においては、連邦政府からの認定を受けられない先住民の集団に対して州政府が認定を行い、州内における一定の権利を保障する制度がある。また、トライブ制度が適用されないハワイ州においては、トライブ政府に代わってハワイ問題事務所（Office of Hawaiian Affairs）という組織が先住民に関する課題の解決に取り組んでいる。カナダでは先住民問題・北方開発省（Department of Indigenous and Northern Affairs）が先住民族に関する課題に対応していたが、二〇一七年に省の改編が実施され、先住民サービス省（Department of Indigenous Services）及び政府―先住民関係省（Department of Crown-Indigenous Relations）が業務を分担している。後者によれば、カナダ全土には六三〇を超えるファースト・ネーションの集落と五三のイヌイトの集落が存在する。

個人の数で見ても、北米地域には多くの先住民が生活していることが分かる。米国国勢調査局によると、二〇一八年時点で、アラスカを含む米国大陸部において先住民としてのアイデンティティを持つ者は約五七一万人（うち先住民としてのアイデンティティのみを持つ者は約二八〇万人）である。また、ハワイ又は他の太平洋島嶼部の先住民としてのアイデンティティを持つ者は約一四六万八千人（うちハワイ又は他の太平洋島嶼部の先住民としてのアイデンティティのみを持つ者は約六二万六千人）である。一方、カナダの政府―先住民関係省によれば、二〇一六年の国勢調査において、九七万七千人以上がファースト・ネーション、六万五千人以上がイヌイト、五八万七千人以上がメイティだと回答した。

大学進学の現状

北米地域の先住民族について詳しく理解するためには更に詳しい法律や歴史等の解説が必要であるものの、現在の北米地域における先住民大学生の話に戻る。筆者はカナダよりも米国の事情に詳しいため、本章では米国を例に挙げる。なお、本トピックについて詳しく述べた論文や文献は少ないため、国勢調査を含む統計から得られた情報を多く掲載するが、それらの中ではアラスカを含む大陸部に居住する先住民とハワイなど島嶼部に居住する先住民は分けて数えられている。本章では大陸部に居住する先住民の状況に限って事情を紹介する。

米国先住民は、同国のシステムに沿った義務教育を英語で受けている。また、過去に先住民諸言語の使用が激しく弾圧された経緯もあり、現在では、ほぼ全ての先住民の人々が英語のみ、若しくは英語と先住民言語の両方を使っている。そのため、大学において英語で開講されている授業を受けることには、言語や教育制度の面では支障がない。

しかし、大学に進学する先住民の割合は国内の平均よりも低い。国立教育統計センターは、二〇一七年の時点で、一八歳から二四歳の人々のうち四〇％が短期大学を含む高等教育機関に進学している一方で、先住民としてのアイデンティティのみを持つ同年代の人々は二〇％しか進学していないと発表している。非営利団体であるアメリカン・インディアン大学基金（American Indian College Fund）も、先住民の中で大学を卒業した人の割合は一四％（全米平均は三一％）に留まっていることを指摘しており、進学率の向上を目指す活動を展開し続けている。各トライブが独自の政府を備え、教育、福祉、経済開発等の面で一定の自治を行う必要性がありながらも、大学で専門的な知識を習得した人の数が少ないことは、先住民社会全体の大きな問題の一つとなっている。

先住民の人々の大学進学率が低い背景には、様々な原因が存在する。例えば、経済格差である。先住民に対して不当に低い賃金を支払うことが違法ですらなかった時代は去ったものの、現在でも経済的な困難に苦しむ先住民の人々は少なくない。国勢調査局によれば、二〇一七年時点で貧困状態にある先住民の割合は二五％であり、国内平均の一三％を上回っている。国立教育統計局は、米国の大学で学ぶために必要な費用は公立大学で年間約一万七千ドル、私立大学で年間約二万四千ドルだと発表している。奨学金を受けたとしても、経済的に苦しい立場に置かれた人々が、卒業までに必要な資金を準備することは難しい。

歴史的な背景も、進学率に影響を与えている。十九世紀から二十世紀にかけて、米国及びカナダ各地の先住民の子供達の多くは家族から引き離され、寄宿舎学校で西洋式の教育を受けることを強いられた。寄宿舎学校では先住民言語を話せば体罰が加えられ、先住民族の文化や慣習は否定された。筆者が調査の中で耳にした話では、教育機関全般に対して不信感を抱く人々も未だに存在するため、進学を望む先住民の若者が家族やコミュニティからの理解を得づらい場合もあるという。さらに、米国のいくつかの大学や研究所は、過去に先住民の遺骨や文化財を無断で持ち去り、未だにそれらを返還していない。この事実も、先住民の人々が大学に対して抱く不信感の原因となっており、進学率への影響は否定できない。

先住民族の文化や社会について大学で学ぶ

大学で先住民学生が専攻する分野は様々である。大学の授業を通じて、自らの民族や他の先住民族の文化や社会について専門的に学ぶ学生もいる。先住民学生がなぜわざわざ自らの民族の文化や社会に関して学ぶ必要があるのか不思議に感じる読者もいるかもしれない。しかし、日本に生まれたからといって誰しもが日本の歴史や伝統文化を細かな点まで解説できないのと同様に、先住民の家庭に生まれたとしても、全員が自らの民族に関する知識を自然と身に付けられるとは限らない。更に、前述した通り、過去には家族やコミュニティから引き離され、先住民族の言語や文化を学ぶ機会を奪われたまま成長した人々もいた。そのような親の下に生まれた先住民の人々の中には、自民族に関して学ぶ場を家庭の外に求めている者もおり、大学もその貴重な学びの場の一つとなっている。

更に、連邦政府が定めたトライブの保留地（reservation）ではなく、都市部で暮らす先住民の人々の間では、言語や文化の継承が大きな課題となっている。一九五〇年代から一九七〇年代の間に連邦政府によって先住民の都市への移住が奨励された結果、多くの先住民の人々はニューヨーク、ロサンゼルス、シカゴといった日本でも知られる大都市に生活の拠点を移した。二〇一七年九月四日のガーディアン紙の記事によれば、米国先住民の七八％は保留地外で生活しており、その過半数を占める七二％の人々は都市部で暮らしている。いくつかの都市では、先住民文化にまつわる活動や生活支援を実施するセンターが主に非営利団体によって運営されているものの、家族以外の先住民の人々と出会う機会すら得られないまま育つ人々もいる。大学が同年代の先住民の友人を増やす場となる学生も少なくないのである。

大学によっては歴史学、文化人類学、言語学といった既存の学術領域のそれぞれが先住民族に関する授業を展開している。自らの民族の文化や社会について詳しい先住民学生にとっても、大学の授業は、国内に数多く存在する他の先住民族やトライブの事情に加え、連邦政府の先住民に関する政策や法について学び、民族やトライブの状況をより広い文脈の中で理解する機会となる。また、先住民族に関連する学際的な授業を提供する学部や学科が存在し、授業の履修によって学位が取得できる場合もある。そのような学部や学科には、ネイティブ・アメリカン・スタディーズ、アメリカン・インディアン・スタディーズといった名称が付けられている。先住民でない学生や留学生も、このような学部、学科で学ぶことができる。また、こういった学部、学科には、先住民である教員と、そうでない教員の両者が存在することが多い。

非先住民の学生と比較すると割合は少ないものの、大学在学中に国外に留学する先住民学生もいる。現代においては、国際会議への参加やインターネット上の情報共有を通じて、世界各地の先住民族の交流や連携が進んでいる。留学を通じて、自らの民族の文化や社会に関する知識を持つことに留まらず、国外の先住民族にまつわる事情を理解し、更には国外で生活するスキルや複数の言語を駆使する能力を身に付け、将来的には社会をリードする素養を培う人々も見られる。かつては一般的な留学プログラムしか存在しなかったが、現在では先住民学生のニーズに特化した留学プログラムの開発も進められるようになった。

先住民学生への支援

立地や教育内容によって先住民の学生が占める割合は大学ごとに異なっている。フォーブス誌がまとめた情報によれば、サンフランシスコ市近郊に位置するカリフォルニア大学バークレー校の二〇一八年入学者のうち先住民学生の比率は〇・三％に過ぎなかった。しかし同じ公立大学でも、ニューメキシコ州の州都であるアルバカーキ市に立地するニューメキシコ大学の場合は三％に上る。この差は、サンフランシスコとアルバカーキという、地理的な要因に由来するであろう。一方で大学の方針が先住民学生の比率に影響している事例もある。私立のスタンフォード大学は、カリフォルニア大学バークレー校と同じサンフランシスコ市近郊に位置しているがマイノリティ学生の支援を促進しているため、その比率は一％と、カリフォルニア大学バークレー校の約三倍に上っているのである。

先住民学生の比率は全般的に低いため、キャンパス内で疎外感を覚える先住民学生も多い。大学によっては、先住民学生の学生団体や、先住民学生への支援に特化したオフィスを持っており、それらの活動は先住民学生に学内のネットワークを構築する機会を提供している。カリフォルニア大学バークレー校の例を挙げると、学内に先住民学生の入学及び在学支援センター（Indigenous and Native Coalition Recruitment and Retention Center）がある。このセンターの運営に携わるのは、センター常駐の職員、活動に賛同する教職員、及び学内の先住民学生である。同センターに常駐する職員には、可能な限り先住民の職員が選ばれていた。同センターは、普段はそれぞれの別の学科で学んでいる先住民学生達が親睦を深めるためのイベントや、先住民文化を学ぶサークル活動、パウワウ（powwow）と呼ばれる先住民の祭りをキャンパス内で開催するにあたっての支援を行っていた。その目的は、センターの英語名の中にある「リテンション」、即ち「中退防止」という単語に表されている通り、卒業までたどり着く先住民学生の数の増加である。常駐の職員は全米各地の高校に出張して、同校に興味を持つ高校生の進学支援にも取り組み、先住民学生の入学率の向上にも取り組んでいた。なお、先住民大学院生の支援を行う部門は別途存在した。

更に、大学の寮の一フロアは、先住民族について興味を持つ先住民学生及び非先住民学生のエリアに指定されている。このフロアへの入居を選択した学生は、通常の授業に加え、夜間に寮の中で特別に開催される先住民文化や社会に関する授業の受講、地域の先住民団体でのボランティア活動への参加、パウワウの運営への参加などが課され、卒業までの間に先住民族の文化、歴史、社会等について更に深く学ぶことができる。キャンパス内で孤立する先住民学生がいたとしても、学期中の「家」となるこのフロアにおいては、先住民学生や先住民の人々への理解を深めたいと考える非先住民の学生に囲まれているという安心感を得ることができる。

米国には先住民学生の教育に特化した大学も存在する。それらの中には、非先住民学生や留学生の入学を受け入れている大学もあれば、連邦政府によって提供される運営資金の都合上、先住民学生しか受け入れていない大学もある。先住民学生の率が一〇〇%若しくはそれに近い割合の大学を進学先に選んだ場合、学生のキャンパスライフはまた異なったものになることであろう。また、どのような大学にせよ、先住民学生ではあるが自身の勉強に専念したいと考え、先住民に関する授業の受講や課外活動から距離を置く学生も当然おり、各自の意向は尊重されている。

先住民学生を支える学外団体やネットワーク

学内の組織に加えて、多様な学外の団体も先住民学生を支援している。理系の分野で広く知られる団体には、アメリカ・インディアン理工学会（American Indian Science and Engineering Society, 以下ＡＩＳＥＳ）と、チカノ／ヒスパニック及びネイティブ・アメリカンによる科学促進学会（Society for Advancement of Chicanos/Hispanics and Native Americans in Science, 以下ＳＡＣＮＡＳ）の二つがある。四千名を超える会員が参加するＡＩＳＥＳの活動の中核となっているのは、理系の先住民学生や研究者の世代を越えたネットワークの形成である。同団体は、先住民の小学生から高校生が理系分野への興味を高め、大学進学を志すきっかけを提供するために、子供達を対象としたワークショップを全米各地で開催している。理系分野に進学した先住民大学生に対しては、ＡＩＳＥＳは奨学金やインターンシップの機会を提供するだけでなく、学生や研究者が集う研究大会を開催している。前述したように、各大学において先住民学生の割合は少ない。そのため、大学の枠を超えて参加者が集う研究大会は、同世代の先住民学生と知り合う貴重な機会だと捉えられている。更に、大学生や大学院生には、先住民研究者からキャリアに関する助言を受けたり、先住民社会のリーダーに求められる資質を身に付けるためのワークショップに参加したりする機会もある。

六千名程の会員と二万名程の賛助会員を擁するＳＡＣＮＡＳも、ＡＩＳＥＳと類似した研究大会への参加やキャリア形成を支援する機会を大学生に提供している。ＡＩＳＥＳと比較してＳＡＣＮＡＳの活動が特徴的であるのは、同団体がラテンアメリカ系米国人学生と米国先住民学生の両者を対象としている点である。本稿執筆時にＳＡＣＮＡＳが発表している統計によると、理系分野での仕事に従事する人々のうち、ラテンアメリカ系米国人は六％、先住民は〇・二％であり、両者の割合は極めて低い。よって同団体は、ラテンアメリカ系米国人と先住民が理系の教育や研究活動における少数者として連携を深めることによって、理系分野のエスニシティの側面における多様性の実現を目指している。一方でＳＡＣＮＡＳはラテンアメリカ系米国人や先住民以外の学生の参加も歓迎しており、二〇一八年の研究大会への参加者には、ヨーロッパ系（二四％）、アフリカ系（九％）、アジア系（六％）といった人々も含まれている。

他にも、各分野で活躍する先住民の専門家が組織する数々の団体や学会が、先住民大学生を支援している。全国アラスカ・ネイティブ及びネイティブ・アメリカン・インディアン看護協会（National Alaska Native American Indian Nurses Association）、ネイティブ・アメリカン・ジャーナリスト協会（Native American Journalists Association）、アメリカン・インディアン・ビジネス・リーダーズ（American Indian Business Leaders）などはその例の一部である。このような学外の支援団体の活動を通じて、他大学の学生や卒業生とのネットワークを構築し、悩みを共有したり学習意欲を高めたりすることは、先住民の大学生にとって欠かせない活動の一つである。

先住民社会と人のつながり

米国の大学における先住民学生は、高等教育を通じて専門的な知識を身に付けるだけでなく、キャンパス内外において、他の先住民学生と知り合うことが分かる。大学に進学すれば、少なくとも数年間は家族や民族、トライブの社会と離れ、先住民でない人々が九割以上を占める環境に身を置くことになる。その状況は孤独に満ちたものにも見える。一方で、大学卒業という明確な目標を前にした学内外の先住民学生との緊密な支え合いは、民族やトライブの枠を超えた強いつながりを生み出す機会ともなる。

大学生活を通じて構築された人間関係は、先住民社会内部のつながりを強化していく。筆者が出会った先住民学生の様子を考えても、保留地に戻ってトライブ政府に職を得る人、大学院に進学する人、職を求めて別の都市や国に移住する人など、卒業後の生き方は様々である。そして彼らはそれぞれの次の地点において、民族やトライブはもちろん、居住地や専門性を基盤とした新たな先住民ネットワークに加わっていく。結果として各自が複数のネットワークの結節点となり、緊密な人のつながりが縦横無尽に張り巡らされることによって、今日の北米地域全体の先住民社会が保たれているのである。

更に、大学生活を通じて、先住民の人々に理解を示す非先住民学生との間のネットワークも構築される。先住民社会が直面する課題の解決には、非先住民の人々の理解と協力が不可欠である。大学の授業や寮生活、課外活動等を通じて先住民の文化や社会、現在の社会問題などについて知識を深めた学生の中には、卒業後に先住民の人々と共に働く人々もいる。また、ラテンアメリカ系米国人を初めとして、社会的に周縁化された他の集団の人々との間に築かれたネットワークは、集団間の知見や情報の共有や、共同での課題解決に役立つと考えられる。

世界の多様な文化の保護や振興は国際社会全体にとっての責務であり、先住民族の権利が守られた社会の実現がその前提にあることは、二〇〇一年に採択されたユネスコの文化的多様性に関する世界宣言でも示されている。北米地域における先住民学生に対する支援の高まりは、先住民の専門家やリーダーの育成のみならず、先住民の人々の理解者や支援者の増加につながり、先住民を取り巻く課題の解決を促進することであろう。多くの先住民トライブや非営利団体、米国、カナダ両国の連邦政府等が様々な最新情報をインターネット上で公開しているため、日本に住む読者もその様子を見守ることができる。総人口における割合は低いかもしれないが、北米地域において最も長く文化を保ってきた先住民族について知ることが、地域全体の深い理解につながることは間違いない。

〈参考文献〉

阿部珠理『アメリカ先住民――民族再生にむけて』角川学芸出版、二〇〇五年
阿部珠理編著『アメリカ先住民を知るための62章』明石書店、二〇一六年
鎌田遵『ネイティブ・アメリカン――先住民社会の現在』岩波書店、二〇〇九年
松井健一『北米先住民族の文化と主権』筑波大学出版会、二〇一三年
水谷裕佳「先住民の歴史を裏づける資料とは」『先住民からみる現代世界――わたしたちの〈あたりまえ〉に挑む』深山直子・丸山淳子・木村真希子編、昭和堂、二〇一八年、一二一～三七頁
Mizutani, Yuka. "Native American Underrepresentation in International Education." *The Journal of American and Canadian Studies*, vol. 36, 2019, pp. 63-86.

Q ディスカッション・クエスチョン

・大学の学内における先住民学生支援のあり方は、本文に示されている事例の他に、どのような形態があり得るでしょうか。先住民学生の教育に特化した大学も含めて、様々な大学の状況を調べてみましょう。そして、大学ごとにどのような特徴があるか、またその特徴はどうして生じているのか考えてみましょう。

・この章では先住民の人々と大学教育について紹介しましたが、初等、中等教育においても、先住民の子供達を支援する様々な取り組みが行われています。先住民の教育に特化した幼稚園から高校までのケースも含めて、どのような取り組みが行われているか調べてみましょう。そして、それらの取り組みにはどのような意義があるか考えてみましょう。

第六章

白人性と特権の心理学
——植民地時代からトランプ以後まで

出口　真紀子

白人アメリカ人に対して「白人であることの意味」について街頭インタビューを行った調査の一例を紹介する。

質問　「白人であることはあなたにとって何を意味しますか。」
回答　「正直、何のことだかさっぱりわからないよ。」
質問　「あなたは白人じゃないんですか。」
回答　「私の先祖はイタリアからやって来たから、私はイタリア人で、白人なんかではない。」
質問　「では、イタリア人であることは何を意味しますか。」
回答　「パスタ、美味しい食事、ワインを愛する（苛立ちを隠せない）。こんな質問、ふざけてる！」
(白人男性、ビジネスマン、四二歳)

質問「白人であることはあなたにとって何を意味しますか。」
回答「そんなこと、わからない(笑いながら)。だって考えたことないから。」
質問「あなたは白人ですか。」
回答「そうだと思うけど(興味ありげに)。」
質問「では、なぜ白人であることの意味について考えたことがないのですか。」
回答「だって、自分にとって重要じゃないから。」
質問「なぜ、重要じゃないのですか。」
回答「それは、私の生活において何ら影響がないから。それにね、私たちはみんなそれぞれがユニークなの。色なんて関係ないわ。」
(白人女性、金融業、三四歳)
質問「白人であることはあなたにとって何を意味しますか。」

回答　「これって何か落とし穴がある質問なの？（しばらく考えて）考えたことはないわ。でも黒人の人たちが私たちに偏見があるという風に見ていることは知ってるけど、人種の違いに目を向けるのはやめにすべき。お互いを一人の人間として見るべきだと思う。そして皆アメリカ人であることを誇りに思うべきよ。」

（白人女性、大学院生、二六歳）

これらの街頭インタビューは、「スー兄弟」との愛称で呼ばれる、中国系アメリカ人の心理学者のデラレルド・W・スー（Derald Wing Sue）とデイビッド・スー（David Sue）の二人によって一九九〇年代に行われたものである（Sue & Sue, 2002）。インタビューのやりとりを読むと、白人アメリカ人が質問自体に戸惑いを覚え、すんなりと答えられない様子が窺える。全てのインタビューを紹介してはいないが、質問そのものに正当性がない、と苛立つ人もいる。白人アメリカ人の心理を理解するには、こうした回答を深く掘り下げる必要がある。彼らの回答の特徴の一つに、自分が「白人」という人種カテゴリーに所属していることを認めたがらない傾向がある。もう一つの特徴は、人種カテゴリー自体に意味がない、と主張する傾向である。質問者が白人ではなかったことも当然回答に影響があったであろうことは想像できる。白人アメリカ人が「白人」であることを意識しなくて済むのは、まさしく白人であることの「特権」(プリビレッジ)である。彼らは自分の人種を常日頃考えなくても何ら困ることなく生きていける。そこが白人ではないアメリカ人の心理と大きく異なる点である。

本章では、北米研究における白人の「心理」に迫りたい。分析の単位が個人であるため、心理学の分野となる。日常生活の中で自分の人種を意識しなくてよい白人の「特権」と、それがもたらす白人の心理を明らかにしていきたい。

アメリカは白人の国家？

アメリカ合衆国の人口の推移をたどると、一九八〇年——およそ四〇年前——には、白人が全人口の八三%、非白人(黒人、ヒスパニック、アジア人等の合計)が一七%と、圧倒的に白人の数が多かった。それが二〇一八年には、白人が六〇・五%に下がり、非白人が三九・五%と、非白人の数が増えてきている。更にその数字を年代別にみると、六五歳以上では、白人は七〇%台をキープしているが、一八歳未満では、白人と非白人がほぼ同数になっている。つまり、若ければ若いほど、非白人の比率が高くなっており、二〇四五年頃には非白人の合計数が過半数を超えると予測されている。後に紹介するトランプ政権の誕生の根底にはこうした「アメリカが白人の国ではなくなる」といった恐怖があると考えられている。

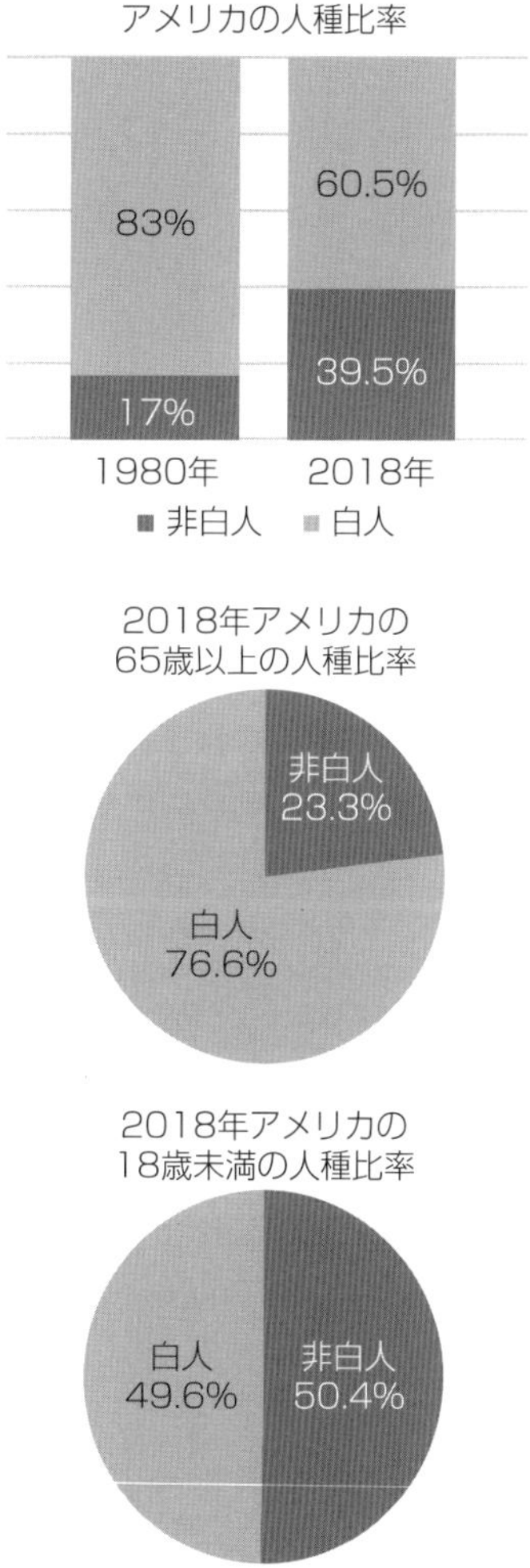

出典：U.S. Census Bureau 1980, 2018.

北米における「白人性」の歴史

「ホワイト」あるいは「白人」という人種カテゴリーは最初から北米に存在していたわけではなく、英国のアングロサクソンという民族によるアメリカ本土の植民地化から始まる短い歴史の中で独自の形で発展を遂げた人種カテゴリーである。今でこそアメリカ合衆国という国が存在するが、イギリスやスペインが北米を植民地化する以前は、数多くの先住民（ネイティブ・アメリカン）がアメリカ本土で独自の文化を築き暮らしていた。イギリスやその他の欧州諸国から来た人々により、ネイティブ・アメリカンに対する土地略奪、同化政策、政府指定保留地への強制移住、大量虐殺、文化抹殺などが行われ、徐々に欧州からの移民による権力支配の構造が確立された。

ただし、アングロサクソンに遅れて移民したアイルランドや東欧出身の人々は、当時は二流市民として扱われ、教育を受ける機会や雇用の際の職種も制限されていた。彼らが差別の対象とならず、アメリカ社会に受け入れられるためには、祖国の文化・言語やつながりを捨て、アメリカに忠誠を誓い、「自分はアメリカ人だ」と名乗ることが有用であった。つまり、祖国との関係を積極的に断つことと引き換えに、アングロサクソン系が象徴する「白人」という人種カテゴリーへの仲間入りを認めてもらったのである。アメリカ人になる、ということはすなわち、英語だけを話し、欧州のルーツとの関係性を絶ち、アメリカに忠誠を誓うという暗黙の条件がそこにはあった。「白人」のカテゴリーに伴う特権は、アメリカの主流社会に同等の市民として受け入れられることを意味し、「白人」に仲間入りする利点が大きかったため、多くの欧州からの移民は自ら進んで祖国とのルーツを絶ち、様々な形で自分のルーツを目立たせないように配慮した。こうして「アメリカ人＝（イコール）白人」という考え方が定着し始めたのである。今日では、多文化共生教育の普及とともに「米国は白人の国である」という考え方を公に認める人は減ってきている。しかし、実際は現在も多くの米国人の意識の中に根強く残っており、時にはそういった意識が差別的な、移民・非白人に対する排斥行為へとつながる現象が度々繰り返されてきた。

北米における人種及び民族カテゴリー

北米社会で生活すると、日本ではほとんど意識することのない人種カテゴリーが存在していることに気づく。渡米した日本人が、北米の人々から「エイジャン」（アジア人）や「イエロー」（イエローは今となっては差別用語とされているが）とひとくくりにされ、最初違和感を覚えることが多いのは、東アジア出身者として初めて黄色人種・モンゴロイドであることを意識させられるためだろう。北米では大きく四つの「肌の色」のカテゴリーで人種を分けている。ホワイト（白）、ブラック（黒）、イエロー（黄）、レッド（赤）である。ホワイトは白人、ブラックは黒人、イエローは東アジアにルーツを持つアジア人、レッドはネイティブ・アメリカンを意味するが、ヒスパニック又はラティーノ（メキシコ、キューバなど中南米にルーツを持つ人々）

に対する位置づけが一筋縄ではいかず、国勢調査では、「その他の人種」を選択し、その下で、「ヒスパニック・ラティーノ」という民族カテゴリーを選択する仕組みになっている。ブラウン（茶）という呼び方も存在するが、国勢調査などでは使用されておらず、肌の浅黒い人一般をさしている。人種・民族のカテゴリーはそれぞれの国の個々の歴史的・社会的背景によって形成されるため、必ずしも論理的な区分によって整理されているわけではないことが窺える。

人種の他にエスニシティ（民族性）という区分けがある。韓国系アメリカ人は韓国にルーツを持つアメリカ人、ということになり、エスニシティは「コリアン」ということになる。白人にルーツを尋ねると、「私はアイリッシュ、ジャーマン、イタリアン」と多種のエスニシティを挙げる人が多い。人種とエスニシティの線引きは複雑かつ曖昧なため、例えばプエルトリコ出身者は、エスニシティは「プエルトリカン」であるが、人種は白人だったり、黒人だったり、マルチレイシャル（複数の人種的ルーツを持つ人）であったりと様々である。よってエスニシティ＝（イコール）人種とは限らないのである。

差別研究の歴史

ここでは、差別や偏見がいかにして研究のテーマになり、どのような知見が共有されてきたか、その歴史を紹介する。北米で差別や偏見が研究対象となったのは、植民地支配の時代に遡る。当時の研究は植民地における先住民の劣性を調査し、証明することで植民地支配を正当化する目的で行われた。偏見を持つことは、「支配者側より劣った人間に対する当然の反応」と見なされた。

一九二〇年から五〇年代にかけては、北米での白人支配が問い直され、アメリカ社会における人種差別が社会問題になった。その際の社会科学者（社会心理学者など）による研究テーマは、偏見を持つ人間の「性格」や「性質」に焦点があてられた。例えば、第二次世界大戦中にナチスドイツによるユダヤ人の大量虐殺といった重い歴史的事実がなぜ起きたのか、人間はなぜそのような残虐な行為が可能なのか、という問いかけがあった。当時は「偏見を持ちやすく、差別行為を行いやすい人間のタイプとはどういうものか」という問いが中心となり、差別が個人の性格や性質に起因することを前提とした研究が行われた。黒人差別に対する不満が高まり、一九六〇年代には公民権運動へと発展し、人種的平等を保障するための様々な法律が制定されることとなった。

だが、一九八〇年代に入っても人種差別は根強く残っていることから、偏見の原因は社会的な規範（norm）ではないかという解釈が一般に共有されるようになる。つまり、差別的な社会で育つ人々は、いくら「良い人」であっても、必然的に人種差別主義者になる、という考えである。こうして個人の人格や特性ではなく、社会化の影響に重きが置かれるようになった。一九八〇年代以降は、脳科学の視点からの研究も加わり、区別する心理は避けることができない人間心理の一つの要素であるといった新たな知見も加わる一方で、区別をすることは自然な行為だとしても、差別意識に関しては社会や本人の努力でなくしていくことができる、という認識に変わってきた。つまり、偏見や差別意識は社会化の中で否応なく植えつけられるものであり、それがどのようなプロセスで植えつけられ、改善されるのか、ということが取り上げられるようになったのである。

マッキントッシュの貢献

白人の心理を理解するには、まず白人の持つプリビレッジ（特権）について説明する必要がある。一九八〇年代後半に白人の特権に関する考察で注目を浴びたのは、ペギー・マッキントッシュ（Peggy McIntosh）という白人女性が書いた「ホワイト・プリビレッジ（白人の特権）：目に見えないナップサックをあけてみる」というエッセイだった。マッキントッシュはその中で、「私は、白人の特権というものが、日々無意識にあてにしている労せずに得た目に見えない財産であるということに気がついた。白人の特権は、たとえて言うと、地図、パスポート、暗号解読書、ビザ（査証）、衣服、道具や小切手といったものが入った、目に見えない、重さのないナップサックのようなものである」と述べ、自分が白人として労なくして得ている特権を五〇項目列挙した。その項目をいくつか紹介する。「私が望めば、自分と同じ人種の人々に囲まれることができる」「自分の人種を代表して話すよう求められなくて済む」「引っ越しをしても、新たな地域の住民は私に対して中立的かあるいは好意的に接してくれると期待できる」「窓口で『責任者と話がしたい』と要求した場合、自分と同じ人種の人が現れることが期待できる」「レイシズム（人種差別）について関心を持ったとしても、それが自己利益のためだと思われなくて済む」「私はどのような場所でも、歓迎され、『ふつう』だと見なされる」。

これまで差別の問題は、被差別集団がいかに不利益を被っているかについての視点で語られてきたが、特権を持つ側がいかに優遇されているかという視点では語られてこなかった。特権がある故に見えないこと、そして、それらを見えなくする仕組みがあることを突いたマッキントッシュの貢献は大きい。「白人である私は、人種差別というものは他人を不利な立場にするということを教えられたが、その裏返しの事実である自分を有利な立場にするということについては教えられなかった」と彼女は述べている。また、「私は今まで自分のことを人種差別主義者（レイシスト）だと思ってはいなかった。なぜなら、人種差別とは悪意のある個人による行為だと教わったからだ」と述べ、人種的優位性を白人に与えるアメリカの社会的構造、制度や仕組みについて学校では教わらず、人種に関係なく平等な機会が全員に与えられている「実力」社会であると教わってきたと述べた。そして白人が「ホワイトネス」の持つ特権に無自覚でいることこそが、非白人にとって抑圧的（oppressive）な行為や存在となるのだ、という自身の発見について書いている。

自覚なしに利益を得ている白人自体を問題視したこのエッセイは、多くの白人に「目からウロコ」的な衝撃を与え、それまで自らの白人性に目を向けずにいられたことの意味について考えるきっかけを与えた。特に社会的公正や反人種差別運動に取り組む白人アメリカ人にとって、いくら自分自身が「良い人」や「心の優しい人」であっても、「構造的・制度的な差別」から目を背けるのであれば、なんら解決につながらない、という自覚を促すことになった。また、自分の特権に無自覚な人こそがパッシブ・レイシスト（消極的な人種差別主義者）であり、自ら積極的な差別行動に出なくても、実際差別に加担している、と考えられるようになった。このエッセイは、社会的公正教育に恰好の教材として広く採用され、筆者も一九九六年にアメリカの大学院の授業で、最初にこのエッセイを読まされたことを記憶している。

更に白人の特権の存在、プロセスや具体例を真っ向から白人に突きつけたのが、ティム・ワイズ（Tim Wise）というユダヤ系白人アメリカ人の男性である。一九六〇年代生まれのワイズはマッキントッシュよりも若い世代に属し、大学時代は南アフリカ共和国のアパルトヘイト（人種隔離政策）への反対運動に参加しており、その中で「なぜ米国内のアパルトヘイトの問題に目を向けないのか」と批判され、国内の人種問題に目を向けるようになった。彼は持ち前の辛口で饒舌な論説で、白人に対して、白人の特権性をこれでもか、これでもか、と容赦なく突きつけた。彼が出版した自伝も教材として幅広く大学で読まれており、筆者も授業で学生に必修のリーディングとして読ませたことがある。ワイズは話術に長けており、優れたスピーカーとして講演や公のディベートにも幅広く活動を展開している。自身が白人であるが故に、白人への働きかけ方を熟知しており、白人の立場から他の白人への教育の必要性を訴え、実践している。

このように、白人自身が自らの特権を認め、特権への気づきを促すようになった事象についても述べておきたい。彼らが語る「白人の特権性」とは、実はマイノリティの人々が昔から指摘し続けてきたことであった。しかし、マイノリティの声はマジョリティにはなかなか届かないのである。白人が自らの特権にやっと気づき、白人がそのメッセージを発信して初めて多くの白人に受け入れられたことは、マイノリティ側からすると皮肉でしかない。白人が発信すれば、白人が動く。これが「白人の特権」でなくて何であろう。

本章冒頭のインタビューに話を戻そう。なぜ、白人が「白人」であることを認めたがらないのか。彼らが白人という人種カテゴリーの集団に属していることを認めてしまうと、自分は人種によって優遇されており、白人として労せず有利な立場に置かれ、その恩恵を受けている、という事実と向き合わざるを得ないからである。白人は自分が白人という特権集団に属しているという事実から必死に逃げようとする。「私は白人ではなく、人間である」とか「アメリカ人である」とか「一人の個人である」という言い方にもっていきたがるのも、そのためである。しかし、こうした心理は白人アメリカ人に限ったことではない。同じことが日本社会における日本人（日本における人種的特権集団）にも言えるのである。社会的強者の立場の集団には普遍的な特徴であることが見えてくる。

カラー・ブラインドネス

カラー・ブラインドネスという概念も白人性を理解する上で重要である。筆者がアメリカ東海岸の大学で教えていたときの話である。隣の研究室の白人女性の同僚と会話をしていた。同僚がよく「ビル」という学生の話をするので、「ビルってどの学生だったたっけ」と質問すると、「ほら、わりと大きな身体で、フットボール部にいる学生よ」と彼女は教えてくれたが、私は誰のことだかわからなかった。結局後でわかったのだが、ビルという学生はアフリカ系アメリカ人だったのだ。なんだ、最初から黒人だって言ってくれればすぐにわかったのに！と同僚に対して苛立ちを覚えた。それでは、なぜ同僚はビルの人種に言及しなかったのだろうか。答えは「カラー・ブラインド」のメンタリティにある。人間は皆平等で、人種はその人の人格や能力を評価する上では無意味なもの、とする考え方である。「人を肌の色で判断してはいけない」と幼い時から教育を受けてきた北米人は、人種を口にするのは悪いことだと思い込んでおり、極力避ける傾向がある。だから、同僚は一切ビルの人種に触れなかったのである。また、人種を「わざわざ」口にすることで自分は人種差別主義者だと思われるのではないか、という恐怖心も抱えている。ビルが黒人だというのは一目瞭然であるし、それに言及することが悪いはずはない。しかし、こうして人種がまるで存在しないかのような態度を集団的にとることにより、「人種」が口にしてはいけないダーティ・ワード（汚らわしい単語）になっていく構造が出来上がる。また、人種をはっきりと言わないと、周りはデフォルトで「白人」を連想してしまう。それはそれで、いろいろな視点から問題である。人種を明確に口にすることは言うまでもなく重要なのだが、「人種に気づかないふり」をすることが良いことだという誤解が蔓延している北米だからこそ、特権に焦点をあてた人種教育が必要なのである。

白人性の特徴とは何か

白人性にはいくつかの心理的特性が伴う。ダイアン・J・グッドマン（Goodman, 2011）は北米で、多様性教育の講師として大学や企業などでワークショップなどを実施している。彼女は特権のある集団の特徴として、文化的・制度的な権力と支配、正常性（normalcy）、優位性（superiority）、特権があるとしている。特権のある人の個人レベルの特徴には、（1）特権があるという自覚の欠如、（2）社会的抑圧の現実を否定・忌避、（3）優越感と特権意識、（4）自分に特権があると認めることへの抵抗、の四つがあるとしている。特権という概念は人種的特権以外にも性別・セクシュアリティ・年齢などにもあてはめることができるが、男性・異性愛者・若年層・健常者・宗教的マジョリティ（アメリカではキリスト教徒）といった集団が特権を有しているとされる。グッドマンは特権のある集団に属する人たちを、どのようにして特権があることに気づかせ、社会的正義に根差した教育をするかについて提示しており、特権のある人たちが抵抗したり、防衛反応を示したりすることを前提に、そのような反応を起こさないような啓発方法について心理的プロセスを含めて教えている。グッドマン自身はユダヤ系の白人であり、自分には白人としての特権があることを認めた上で社会的公正に向けて教育を担っている一人である。

立場理論と白人性

マジョリティの心理や思考を理解する上で役立つのが「立場理論」である。立場理論を簡単に説明すると以下のようになる。「権力を持たない者（あるいは権力が制限されている者）は、権力を持つ側の考え方を熟知せずには生き残れない。逆に、権力を持つ者（社会における強者）は弱者について知ろうとしない上、自分の強者としての立場を可能にしている構造についても知ろうとしない」。この理論は一九八六年にサンドラ・ハーディング（Sandra Harding）という白人女性フェミニストによって打ち出されたもので、「フェミニスト立場理論」とも呼ばれている。

では、白人の心理を理解する上で、なぜ立場理論が有効なのだろうか。それは北米社会において人種的・文化的マジョリティである白人のメンタリティを浮き彫りにするからである。白人は北米社会においては強者（権力を持つ側）になるわけで、立場理論の視点を用いると、白人は、弱者（被支配集団、いわゆるマイノリティと呼ばれる様々な集団）について知ろうとしないという実情を的確に表すことができる。白人がマイノリティ（弱者）について知らなくても何の支障もなく生活できるのは、白人が有している特権や権力があるためである。

立場理論のもう一つの利点は、北米社会に生きるマイノリティの人たちの方が、強者である白人よりも現実の構造を熟知している可能性を示唆している点である。マイノリティの人たちが権力を持たない状態で生き延びるためには、強者側の思考や構造を理解しなくてはならない。故にマイノリティ側の方が強者側よりも「知識」を有している立場にあり、逆に強者は構造上、現実理解に対する盲点があるわけである。

「現実を認識できるのは誰か？」などを問う認識論という哲学の学問があるが、今までは教育を授ける立場にある高学歴の人間（科学者・研究者・有識者など）が現実を定義する権利を有してきた。つまり、彼らだけが現実を「理解」しているとされ、またそれが「中立的」で「客観的」で優位であるとみなされ、それ以外の人間は「理解していない」「理解できない」あるいは「客観性に欠く」と考えられてきた。

立場理論はその議論に「力関係」という分析を加えた。例えば、フェミニスト立場理論の主張は、家父長制社会の下で生きる女性は、自らの被差別の経験から、特権のある立場の男性よりも優れた社会分析を行うことができる、ということだ。

立場理論はジェンダー以外に人種、社会階級、その他の領域にも応用できる。例えば、米国では、人種の観点からは白人はマジョリティにあたるが、大学などで差別のテーマで講義をすると、たいてい白人の学生は「人種差別は昔あったけど、今はオバマ大統領のように黒人だって大統領になれる時代だから人種差別はない」と自信あり気に発言する。いかに彼らの「現実」が日々差別と闘っているアフリカ系アメリカ人の「現実」とズレているかがわかる。

こうした例からも、白人は自分の知らない事象・視点と遭遇したときに「それは構造上知らなくてもよい仕組みに生きているからだ」という分析力を持たない限り、そうした「知識・経験の盲点」があることと向き合い、克服していくことが難しい。「強者であるが故に見えていないことが沢山ある」という自覚こそが、社会的公正に必要なマジョリティ側の思考の変革ではないだろうか。

人種的アイデンティティ発達理論

一九七〇年代から一九八〇年代初期、人種的マイノリティ（非白人）と人種的マジョリティ（白人）の人種的アイデンティティ形成の発達モデルが、カウンセリング心理学の領域から提示された。それぞれが、自分の人種とどう向き合い、自分の人種的アイデンティティをどのように構築していくか、というプロセスを段階的に示したものである。

まず、黒人のアイデンティティの発達段階モデルがウィリアム・クロス（William Cross）というアフリカ系アメリカ人の心理学者によって一九七一年に発表された。彼はアメリカの黒人は以下の五段階の発達過程を辿るとしている。

（1）遭遇前（Pre-encounter）：白人的な思考や言動を受け入れているため、黒人自身が黒人に関する否定的なステレオタイプを内在化する。白人の方が優位と信じ、白人のようになりたいと願う、など。

（2）遭遇（Encounter）：人種差別を体験し傷つく。自分が人種差別の対象であることを自覚し、自分自身への心理的影響を実感する。また、自分は白人の集団には受け入れてもらえないのではないか、という疑念が生じる。

（3）没頭・出現（Immersion-Emersion）：今まで持っていた黒人への否定的なイメージを払拭し、より肯定的な黒人像を築くために歴史を学び、情報収集をし始める。自分の黒人性と向き合う作業を行う。この時期は白人とは距離を置き、黒人同士の集団の中でポジティブな人種的アイデンティティ構築に努める。

（4）内在化（Internalization）：黒人であることに誇りを持ち、ポジティブな黒人アイデンティティを築きつつある。

（5）内在化・コミットメント（Internalization-Commitment）：黒人という人種である自分自身及び自集団を肯定し、同時に社会的公正の実現のために行動する。

全ての黒人がこれらの段階を順に経るとは限らないものの、最初の段階で否定的な自己観を持つ点が重要なポイントであろう。様々な人種別の発達モデルがその後発表されたが、黒人以外のアジア人、ラティーノなども似たようなプロセスを辿るという。

マイノリティにおいて、自己や自集団に対して否定的な認識を持ってアイデンティティの構築作業のスタートを切ることこそがマジョリティとの最大の違いの一つである。非白人はアイデンティティを構築する上で自己の人種に対して肯定的になるための作業を自ら行わなければならない、エキストラな負担があることがわかる。では、白人の場合、どのような人種的アイデンティティ構築のプロセスを歩むのだろうか。

リタ・ハーディマン（Rita Hardiman）は白人アメリカ人女性の心理学者・社会福祉の専門家で、アメリカの公民権運動やフェミニズム運動の時代を背景に成人した。恵まれないマイノリティの子どもを支援したいと、大学院で社会福祉やカウンセリングを学ぶが、ベイリー・ジャクソン（Bailey Jackson）というアフリカ系アメリカ人の教授に「まず自分が白人である意味を考えなさい」と言われ、面食らう。「私は黒人やヒスパニックの子どもたちが何を考え、彼らをどう救えるのかが知りたいのに」と、本人はなぜ白人である意味を考えなくてはならないのか、最初はわからなかった。だが、彼女に衝撃を与えた教授のその言葉は、彼女の中で徐々に膨らんでいった。そして、一九八二年の博士論文で、「白人の人種的アイデンティティ発達理論」を展開することとなる。非白人のモデルと同じく五段階の発達モデルで、（1）ナイーブ（naïve）、（2）受容（acceptance）、（3）抵抗（resistance）、（4）再定義（redefinition）、（5）内在化（internalization）となっている。（1）ナイーブ（naïve）の段階は、幼少期を指し、本人がまだ人種という概念自体を持っておらず、社会の構造に対して無意識・無自覚である段階といえる。（2）受容（acceptance）では、支配的な信念体系を受け入れ、成功しないのは本人が努力を怠ったためで自己責任である、という考えを内面化する段階である。（3）抵抗（resistance）の段階では、学校の授業などで奴隷制度や抑圧の歴史を学び、白人の優位性について疑問を感じるようになる。黒人や他のマイノリティが白人よりひどい扱いを受けている、という現実に対して疑問を感じ、今まで教わってきた教育や思考に抵抗する。感情面では葛藤や居心地の悪さ、辛い気持ちを経験する。（4）再定義（redefinition）では、自分自身の持っている偏見や差別意識に真摯に向き合おうとし、自分の白人性とも向き合い、白人であることの責任について考えを深める。(5) 内在化 (internalization) では、自分の白人性をより深く理解した上で、人種差別主義者ではない白人アイデンティティを築くようになる。社会的公正にコミットし、行動を起こす。このように白人の場合は五段階あるわけだが、残念ながら、(2) 受容 (acceptance) の段階で一生過ごす白人が大半なのである。

こうした人種的アイデンティティ発達理論は、レイシストかそうでないか、という二極的な分け方ではなく、すべてその人が辿ってきた「プロセス」の中でどの位置にいるか、という視点を提供した。自分自身がどの段階かを自覚することで、もっと社会的公正の実現のためにしなくてはならない作業や努力を、このステージモデルによって理解することができる。

そもそもこのような人種的アイデンティティ理論がカウンセリング心理学の領域から発生してきたのにはわけがある。それは心理カウンセリングの分野の臨床家及び研究者は白人が圧倒的多数を占めていたからである。白人のセラピストが自分の人種的特権に気づかぬまま、カウンセリングを行うとどうなるか。非白人のクライアントが日常生活の中で差別を受け、そのことを悩み苦しんでカウンセリングに来た時、白人のカウンセラーが「自分も非白人であるクライアントも同じ人間で、肌の色は関係ない」と信じていると、クライアントにとってはむしろ有害なセラピーが行われる可能性が高い。白人のカウンセラーは、クライアントの人種差別体験の告白に対して、「そんなことはさっさと忘れて、前向きに生きましょう」とか「あなたの単なる思い過ごしではないだろうか」とか「相手を恨まず自分自身がもっと努力をしてはどうか」などと返答する可能性がある。こういった反応はクライアントの体験を否定するだけでなく、クライアントの世界観をも否定し、最後は「自己責任論」によって人種差別体験の責任の所在をクライアントに押しつけることすら十分ありえることなのである。

プリビレッジ・スタディーズの発足

プリビレッジ・スタディーズ（privilege studies）とは何か？　社会的抑圧に焦点を当てている学問の多くは「女性学」、「ジェンダー・スタディーズ」、「民族学（エスニック・スタディーズ）」など、被差別集団の名称で定義されてきた。また「女性問題」などの用語に見られるように、抑圧の対象となる性「女性」と「問題」という言葉を組み合わせることにより、そもそもの問題の根源である家父長制度や男性優位の社会制度が表に出ない仕組みに対する批判の声も上がった。支配集団・特権集団の持つプリビレッジ（特権）自体を問題化し、支配集団の特権を生み出し、擁護し、持続させる仕組みの追求・研究に正面から取り組む学問が、プリビレッジ・

スタディーズである（McIntosh, 2012）。この学問が発生した経緯とその意義を理解するには、伝統的に前提とされてきた研究における考え方を理解することが重要である。研究者と被験者の関係においては、研究者側に権力がある。つまり、特権がある側は自分の立場を中立的・客観的でかつ優位であると思っているため、自分たちの世界観、価値観、在り方が研究対象になるなどとは夢にも思わないのである。

しかし、特権集団に研究の矛先を向ける意義は重大である。特権集団がどのような構造の上で特権を獲得し、維持し、より強固なものにしていくのか、仕組みを明らかにすることによって、より公正な社会への変革を目指すことが、こうした学問の根底にある志である。こうしたプリビレッジ・スタディーズには「ホワイトネス・スタディーズ」という白人性を主眼に置いた学問も誕生している。

更には、大学こそが特権を持った人間の集団である。学歴という特権、研究という手法に修練された学者集団、現実を定義する特権。特権のある集団に対して批判し、異議を唱える特権を持っている。大学で学ぶ者こそが、自分の持つ特権ときちんと向き合い、加害性にも向き合う必要がある。

大学の差別の歴史を研究対象とする

アメリカ北東部のニュー・イングランド地方にはハーバード大学、イエール大学、ブラウン大学といった十六世紀、十七世紀に設立された名門校がある。アメリカ北部の州は一七八一年から一八〇四年までに奴隷制度を段階的に廃止し始めていたため、南部の大学とは違い、北部の大学は奴隷制度の恩恵を受けていないと思われてきた。しかし、二〇〇三年にブラウン大学が自ら奴隷制度の恩恵を受けていたかを知るために調査に踏み切った。その結果、ブラウン大学は欧州、西アフリカ、北米の間で行われていた三角貿易（奴隷貿易）からの利益を得ていたことが明らかになった。ワシントンDCにあるジョージタウン大学では、二七二人の奴隷を売買した利益で大学院を設立したり、奨学金の資金としたりしたことが明らかになった。

二〇年前であれば、「自分の大学にとって不名誉な歴史をわざわざ公開するとはもってのほか」と差別の歴史との関連性を最小限にとどめようとする対策をたてるのが主流であった。しかし、ブラウン大学並びに真の知を追求する大学は、「真実を追求する姿勢」の重要性・必然性を掲げ、最高学府として加害者としての歴史を覆い隠すことなく、真摯に受け止め、正確に正直に暴いていく方向を支持している。こうした事例からも、差別に加担した歴史を明らかにしていく姿勢に大きな変化が見え始めている。

アメリカ人大学生の「特権を自覚せよ」運動

こうした大学内の変化を受けて、アメリカの大学キャンパスでは学生による「特権を自覚せよ」ムーブメントが二〇一三年頃から起き始めた。アメリカの大学には多様な背景を持つ学生を支援するダイバーシティ推進室や異文化交流センターなどが設置されており、マイノリティの学生が連帯しやすい場を提供し、キャンパス内でダイバーシティに関する啓蒙活動を行うことが少なくない。

その中でも代表的な啓蒙活動の中に「チェック・ユア・プリビレッジ（特権を自覚せよ）」というものがある。この活動は、学生自身が特権を有している側にいるのか否かを自覚し、公表する、というものである。サンフランシスコ大学が二〇一四年に展開したキャンペーンでは、ポスターやTシャツに「自分に当てはまる特権の項目にチェック（✓）せよ」

チェック・ユア・プリビレッジのＴシャツを着て活動する学生たち（サンフランシスコ大学）

と表記され、特権項目のリスト（白人、男性、社会階級、キリスト教信者、シスジェンダー、健常者、異性愛者等）のチェックができるようになっている。ポスターにはいくつものバージョンがある。「あなたがパートナーと手をつないで外を歩けるのであれば、あなたには異性愛者特権がある」「警察は自分を守ってくれるために存在している、と自信を持って言える人は白人男性特権がある」「特権について考えなくても良い立場であるならば、それこそが特権だ」と書かれたものもある。こうしたポスターやTシャツを配布する活動は、大学内の全員が自分の立場を可視化し、より力関係をはっきりさせた上で対話ができるようにという思いが込められている。

シスジェンダー特権の自覚を促すポスター（サンフランシスコ大学）

一方で、そうした動きへのバックラッシュ（反動）も白人側から見られる。今まで無自覚であった特権を突きつけられるのは決して心地よい体験ではないだろう。白人側の不満は「白人であるだけで悪者・加害者にされてしまう」「白人を一括りにする逆人種差別である」「白人だから苦労していないかのように言われる」といった誤った認識による被害者意識に基づいているることが多い。「白人特権を自覚せよ」という要請は、白人が苦労していないなどという意味は含んでおらず、あくまで肌の色では苦労を強いられていないことを認めよう、と言っているのである。

トランプ政権と差別行為が許される社会規範

「二〇一六年の大統領選挙に勝利したのは白人男性異性愛者特権である」と指摘したのは、アフリカ系アメリカ人の心理学者、ジャネット・ヘルムズ（Janet Helms）である。ヘルムズは、レイシズム（人種差別主義）や異人種に対する暴力は、白人男性異性愛者特権を維持し続けるために昔から使われてきた手段である、と言う。二〇一六年の大統領選では、人種差別の他に、女性蔑視、イスラム嫌悪、同性愛者嫌悪、ユダヤ人嫌悪などが加わり、その結果、白人男性異性愛者特権が勝利した。この背景には非白人の移民により、人口全体の白人の割合が減少していることへの不安もあると考えられている。二〇四五年に白人は米国の人口の四九・七％になり、非白人（黒人、ヒスパニック、アジア人等の合計）の五〇・三％を下回ると予測されている。アメリカは白人の国であってほしいと願う白人は、少数派に陥ることで今まで通りの白人特権の恩恵を受けられない、という恐怖を感じている。また、男性特権がもたらす恩恵を授かることを当然としている白人男性の多くにとって、ドナルド・トランプの対抗馬で初の女性候補だったヒラリー・クリントンは絶対阻止すべき対象であった。トランプが差別発言を繰り返す中、当初は彼を支持しないと公言していた共和党員や保守派のキリスト教団体も、いったんトランプが当選すると臆面もなく次々と彼に服従し、白人男性異性愛者特権の恩恵を被る戦略を優先した。その状況をヘルムズは白人男性異性愛者特権が「病」であり、レイシズムがその「症状」である、と分析する。

米国連邦捜査局（ＦＢＩ）の統計によると、オバマ政権時のヘイトクライム（hate crime）は毎年減少傾向にあったが、トランプが大統領選に立候補し、選挙活動を始めてから、人種的及び性的マイノリティに対するヘイトクライムが増加し始め、二〇一六年の大統領就任以降も増加し続けている。トランプ当選後、人種的・民族的マイノリティに対して差別感情を抱いている人の数が増えたと考える人も多いが、実際は、既に一定数存在していた差別感情を持つ人々が、そうした差別的な態度を表に出してはいけないという社会規範が変わったことで、差別感情を表出させた、というのが社会心理学の見解である。つまり、オバマ政権の八年間はヘイトを表に出しにくい社会規範を作っていたため、そうした人たちが表現するのを抑えることができていた。しかし、人種的マイノリティ、移民や女性への差別感情を隠さないトランプがアメリカの最高責任者の地位に着いたことで、社会規範がシフトしてしまった。差別的な言葉を発しても大丈夫、という空気が広がり、差別感情が剥き出しになってしまった。つまり、人間は自分の属する社会規範によって差別的な感情を抑制したり、露わにしたり、「空気」に左右されやすい生き物なのである。フェイク・ニュース、オルターナティブ・ファクトなどマスコミへの激しい攻撃により、報道自体の信頼性が問われ、民主主義の危機にさらされているアメリカで、特権集団が容易に特権を手放さない構図が浮かび上がったとも言える。

ブラックフェイス（顔を黒く塗る）・スキャンダルが続いた二〇一九年

二〇一九年は、北米の白人政治家がブラックフェイス・スキャンダルに次々と巻き込まれた年だった。政治家たちの若いころのアルバムから、仮装パーティなどで顔を黒く塗るブラックフェイスで写っている写真が次々と明るみに出たのである。米ヴァージニア州のラルフ・ノーサム知事が、数十年前に「ブラックフェイス」をしたことを認め、数日後には同州のマーク・ヘリング司法長官がかつてパーティで顔を「茶色く化粧」したことがあると認めた。また、カナダのジャスティン・トルドー首相も二〇代のころ、アラビアン・ナイトをテーマとしたパーティにアラブ人を装って顔を黒く塗って参加していたことが明らかになった。社会はこれを「人種差別である」と糾弾し、辞任すべきだという声も上がったが、各政治家はブラックフェイスには人種差別の歴史があることを当時は知らず、こうした行為に決して及ぶべきではなかった、として謝罪し、政治生命をひとまず留めることができた。日本のコメディアンも、二〇一八年にテレビ番組にブラックフェイスで出演して問題になったが、多くの日本人はなぜ黒人以外の人が化粧などで黒人の外見を誇張して真似ることがいけないのかを理解していない。これも実はマジョリティ側によるマイノリティ側への認識が欠如している例といえる。北米在住の白人の多くも、ブラックフェイスがアフリカ系アメリカ人にとってどれほど痛みを伴う行為なのかを理解していない。白人（あるいは日本人）同士の間で顔を黒く塗り、黒人を笑いの対象にすることに黒人以外の人は抵抗を示さなくとも、それは黒人の側からすると受け容れ難い行為となる。セクシャル・ハラスメントもかつては「あたりまえ」のように行われていたが、だからといって女性がそれに同意していたわけではない。同じく、白人がブラックフェイスにすることがかつては「ふつう」であっても、黒人は納得していたわけではないのである。女性が性被害に過度に敏感なのではなく、黒人も人種差別に過度に敏感であるわけでもない。歴史を振り返ると十九世紀に白人の芸人が、黒人を真似て顔を黒く塗り、黒人奴隷やアフリカ系アメリカ人の人々を、ＩＱの低い、幼稚でどんくさい存在として演じ、白人の聴衆の笑いをとるためだけに利用したのである。白人にとっては愉快だったかもしれないが、黒人にとっては、屈辱でしかなかった。

以上のことからも少しずつではあるが、以前はマジョリティ側の権力が強かったために通用していた慣習が今では非難や制裁の対象になってきており、これもマイノリティ側の立場から社会をより良くしようとする動きの一つと言えるだろう。

おわりに

最後に、こうした北米におけるプリビレッジ・スタディーズが我々日本人にどのように関係し、役立つのか考えてみたい。大多数を占めるであろう日本人読者には、自分の特権（人種、社会階級、ジェンダーなどによる特権）に気づき、認め、その意味と向き合い、差別・偏見を克服する努力をしてほしいと考える。社会的公正（social justice）が実現される日本社会を築くために、社会的に抑圧されている集団に対する理解と想像力を養い、そうした弱者の味方（ally）となって、一人一人が何らかの形で社会に働きかけてくれたらと願ってやまない。

〈参考文献〉

藤川隆男『人種差別の世界史——白人性とは何か?』刀水書房、二〇一一年

Crandall, C. S. and White, M. H. (2016, November 17). "Trump and the Social Psychology of Prejudice." *Undark*. Retrived from https://undark.org/article/trump-social-psychology-prejudice-unleashed/

Goodman, Diane, J. *Promoting Diversity and Social Justice: Educating People from Privileged Groups*. Second edition. Routledge, 2011.（ダイアン・グッドマン著『真のダイバーシティをめざして——特権に無自覚なマジョリティのための社会的公正教育』出口真紀子監訳・田辺希久子訳、上智大学出版、二〇一七年）

Helms, Janet, E. "An Election to Save White Male Heterosexual Male Privilege." *Latina/o Psychology Today*. Vol. 2, 2016, pp. 6-7.

McIntosh, Peggy. "White Privilege: Unpacking the Invisible Knapsack." *Peace and Freedom*. July/Aug. 1989, pp. 10-12.

Sue, Derald Wing and David Sue. "Racial/Cultural Minority Identity Development: Therapeutic Implications." Ch. 8. *Counseling the Culturally Diverse: Theory and Practice*, 4th Edition. Wiley, 2002.

Whitley, Bernard E., and Mary E. Kite. *The Psychology of Prejudice and Discrimination*. Thomson Wadworth, 2006.

Q ディスカッション・クエスチョン

・「肌の色なんて関係ない。その人の人格こそが重要」という「カラーブラインド」のメンタリティーを持つことがホワイトネス・スタディーズでは問題であるとされていますが、アメリカにおいて「白人（ホワイト）」という人種的カテゴリーを設ける必要性や意味を検討してみましょう。

・白人特権について学びましたが、あなたの身の回りではどのような人が特権を持っているでしょうか。また、あなた自身にはどんな特権があるでしょうか。カテゴリーを考えて具体的に例示してみましょう。

第三部　国際政治・経済系

第七章

政治・外交
――曲がり角を迎えた「自由と民主政治」という理想

前嶋　和弘

アメリカの政治・外交の根本にあるのが「自由と民主政治」という理念である。しかし、ドナルド・トランプ政権の誕生とともにその理念が大きく揺れている。

本章ではアメリカの政治・外交を「自由と民主政治」というキーワードで検証する。まず、「自由と民主政治」という理想が、アメリカの建国時に確立された政治システムにどのように具現化されてきたのかを振り返る。更にその「自由と民主政治」という建国からの理念が曲がり角を迎えた現状を分析する。

「隷属からの自由」「民主政治」――アメリカ政治外交のＤＮＡ

アメリカにおいて、「自由」という理念への渇望は、独立戦争の時代にまでさかのぼる。アメリカ植民地の人々はイギリスの植民地政策の理不尽さに耐えかね、銃を取り、独立を勝ち取った。君主制の理不尽さ、平たく言えば「国王の独裁」というくびきからの「自由」そのものだった。この「隷属からの自由」こそ、建国の時から現在まで、アメリカの政治外交の根本にある理想であり、更には行動原理でもある。

独立戦争当時、少数の貴族が富を享受し、その他の大多数の国民は均等な機会すら与えられていない欧州は反面教師でしかなかった。アメリカ植民地の人たちの意識の根底には、欧州の抑圧は悪そのものに映ったはずである。この悪を打倒するために、一七七六年の独立宣言では、市民的自由が高らかにうたわれた。

まず、市民的自由については、「すべての人は生まれながらにして平等であり、創造主によって、生命、自由、および幸福の追求を含む不可侵の権利を与えられている」という独立宣言の最も有名な言葉に結実している。これは「普通の人々」の「隷属からの自由」宣言でもある。

「平等」「生命、自由、および幸福の追求」といった市民的自由は、それまでは欧州という旧世界には政治理論という想像の世界にしか存在しなかった。しかし、全く新しい国を立ち上げるという人々の熱意の中、市民的自由の確保は、決して独立宣言の言葉だけで終わらせなかった。合衆国憲法が批准された一七八八年の翌年に開かれた最初の連邦議会は、憲法に市民的自由に関する一〇の修正を付け加える法案を審議し、市民的自由を法として具現化した（一七九一年発効）。この修正には「信仰・言論・出版・集会の自由」（修正第一条）、「不当な捜索や逮捕の禁止」（修正第四条）、「陪審による裁判の権利」（修正第六・第七条）などが含まれている。この最初の一〇の憲法修正は「権利の章典」と呼ばれている。合衆国憲法はそのスタートから改正されたという事実だけでなく、その改正のポイントが「隷属からの自由」であったことは極めて興味深い。

圧制や束縛からの自由という政治的理念は独立・建国の時代から現在まで、アメリカの政治システムの中にＤＮＡのように埋め込まれている。政治思想家であるルイス・ハーツは、欧州とは異なり、封建的伝統を持たないアメリカは「生まれながらの自由主義社会」であると指摘する。封建制度が存在しないため、アメリカには「革命」も発生しないというのがハーツの見方である。このような「アメリカ例外主義」の根本にあるのが、徹底した自由への渇望であり、アメリカは建国時から欧州とは異なった理想的な〝丘の上の街〟であるという言説が繰り返されてきた。

独立宣言では「すべての人は生まれながらにして平等」という言葉の直後に民主政治の基本理念が次のように盛り込まれている。「こうした権利（注：「平等」「生命、自由、および幸福の追求」といった市民的自由）を確保するために、人々の間に政府が樹立され、政府の権力は、統治される者が同意する場合にのみ、正当となる」。この民主政治の原則の説明が依拠するのは、いうまでもなく社会契約の概念そのものである。

「すべての人は生まれながらにして平等」であるという「隷属からの自由」は「普通の人々」が政治を行う民主政治と同時に展開されたという点は特筆に値する。アメリカ植民地のイギリスへの抵抗は、国王を中心とするイギリスの政治システムそのものに対する強い反発も同時に意味しており、アメリカが目指した国家は、ある特定の個人や特権階級の私物ではなく、構成員全体のもの、つまり人々のものでなければならなかった。そのため、特権を否定し、機会は広く平等に与えられなければならないという、当時としては非常に革新的で革命的とも言える原則が非常に強く意識されていた。人々が統治上の決定権を持つ共和制という政治システムを採用したのは当然の帰結である。民主政治の理念は、二十一世紀の世界に住む我々にとっては当たり前の原則となっているが、当時は極めて革命的な新しい理念だった。

このように、権力からの圧制や束縛から逃れる自由主義という理想は、民主政治と一体化する。そして、アメリカで生まれ育った自由主義と民主主義は、その後の世界標準となる普遍的な政治価値に成長していく。このようにして、アメリカ例外主義は「普遍主義」に昇華していった。

独立宣言に話を戻そう。「すべての人は生まれながらにして平等」に続く、独立宣言の言葉は強烈だ。「政府がこれらの目的に反するようになったときには、人々は政府を改造または廃止し、新たな政府を樹立できる」。この一節は、基本的な人権や民主的な政治を提供できない政府は転覆させてもいいという革命の権利の担保に他ならない。

この「革命権」については、前述の「権利の章典」の一つである、憲法修正第二条の「武装権」(「規律ある民兵は自由な国家の安全保障にとって必要であるため、国民が武器を保持する権利は侵してはならない」)によってさらに具体的になる。この憲法修正第二条は、銃所有の普及を提唱する人々の法的根拠となっており、現代の私たちの目には、「銃社会アメリカ」を象徴する権利として映ってしまう。ただ少なくとも、〝銃を持って立ち上がる権利〟が市民的自由の一つとして、憲法上保護されているという事実は、「隷属からの自由」を徹底的に守ろうとする建国当時の政治文化を象徴しているのは間違いない。いずれにしろ、「革命権」に規定してしまうほど、独立宣言には「自由と民主政治」に対する強い決意が示されている。

デモクラシーと衆愚政治

興味深いことだが、合衆国憲法の起草者たちにとって、人々が統治上の決定権を持つ新国家の理想の政治システムは「共和制」であって、いまの私たちが頻繁に使う用語である「デモクラシー」ではなかった。

それはなぜだろうか。デモクラシーの元々の意味である「大衆（demo）による統治（cracy）」の「大衆」は、判断力に欠け国家を統治する能力がないだけでなく、私利私欲に駆られた輩であるという印象が当時は強かったからである。

アメリカの建国まで、「デモクラシー」というのは古代ギリシャの都市国家にあったという〝伝説〟のようなものに過ぎなかった。君主制が主流だった十八世紀の実際の政治システムの中で人々に主権を与えることは想像もできないような革命的なものであった。

合衆国憲法の起草者たちは「デモクラシー」が「衆愚政治」を意味すると信じていた節がある。憲法の起草者たちは、人々の心を疑った。私利私欲に駆られた輩が誤った政治を行ってしまうのが人間の性であるためだ。特に起草者が懸念していたのは、人々が徒党を組むことでデモクラシーそのものが「王様」を作り出してしまう可能性である。そうなってしまうと、イギリスからの独立が達成されても、衆愚政治という独裁君主へ隷属することになり、「自由」が危ぶまれてしまう。

合衆国憲法の代表的な起草者として知られるマディソンもその一人である。後に第四代大統領となるマディソンは、憲法制定の議論の際には、中央政府（連邦政府）創設を訴える連邦主義派（フェデラリスト）の代表的な存在として、州の権限を主張する反連邦主義派（アンチ・フェデラリスト）と激しい舌戦を繰り返した。マディソンらが連邦政府創設の世論を高めるために、「パブリウス」というペンネームで新聞に書いた論考をまとめた『ザ・フェデラリスト』（『フェデラリスト・ペーパーズ』）には、デモクラシーの欠点がしつこいほど繰り返されている。

その中で、デモクラシーという言葉は「共和制」と比較対照され、人々が統治上の決定権を持つ制度としては「共和制」が圧倒的に優れていると指摘されている。そして実際に、マディソンが中心となって起草し、批准された合衆国憲法には「デモクラシー」という言葉が一つも出てこない。この事実は今の私たちにとって、驚きかもしれない。

ただ、建国後の国家としてアメリカが成長していく過程において、「共和制」と「デモクラシー」の実際の意味の違いは、ほとんどなくなっていく。アメリカの理想は、欧州のような階級社会ではなく、〝普通の人々〟の社会であり、政治の決定が人々の手にゆだねられる過程で、憲法の起草者が「デモクラシー」という言葉に付随して見た否定的な意味も次第に消えていく。

人々が自由意志に基づき平等な立場で政治的な決定を行う制度であることは現代的な意味では共通している。

建国して五〇年以上たったころのアンドリュー・ジャクソン大統領（一八二九～三七年在任）の時代までに「デモクラシー」に肯定的な意味が生まれていった。この時代には、「ジャクソニアン・デモクラシー」という様々な民主的な改革運動が起こった。多くの州では投票の際の資産制限が撤廃され、参政権の急激な拡大のほか、社会的には労働運動や奴隷解放運動が盛り上がった。ジャクソン大統領が導入した有力者を高級官僚に任命する「猟官制」（今の言葉なら「政治任命」）は、コネ採用につながるものの、西部開拓による国家拡大の中、官職が東部のエリートによって独占されていた旧体制を打破し、一般の人を政策運営に登用する機会均等の政策だった。

このジャクソン大統領時代にアメリカの諸州を旅したフランスの政治思想家、トックビルは『アメリカのデモクラシー』を著した。トックビルが驚愕したのは、欧州では、無知の大衆による「多数派の暴政」でしかなかった「デモクラシー」がアメリカでは完全に定着し、効果的に機能している事実である。ともすれば、構成員の私利私欲でばらばらになってしまう民主制を支えている土台には、社会文化的な要因があることをトックビルは見抜いていた。特に、移民でできた多様な人々の国家であるアメリカでは、政治制度以上に人々をつなぎとめる社会・文化要因が重要であった。

多数派の暴政を防ぎ、人々をつなぎとめるために、ボランティア団体に代表されるような市民の自由意志による団結（結社）が建国のころから重視されてきた。また、セルフガバメント（自治）の精神やキリスト教信仰のような人々をつなぎ合わせるための紐帯もアメリカ社会の行動原理に大きく影響している。

そもそもアメリカでは植民地時代のニュー・イングランドにおけるタウン・ミーティング（直接民主制による地方自治制度）に代表されるように、民主主義がきわめて早い時期から制度化され、高い水準の国民の政治参加が実現されてきたように、「衆愚政治」を防ぐ土壌もかなり前から整っていた。人々が自由意志に基づき平等な立場で政治的な決定を行うという意味で、「デモクラシー」は「共和制」と同義になり、さらに〝普通の人々〟が政治に参加することをそもそも前提とする広い開放性のため、「デモクラシー」は憲法の起草者たちの想定を超えたといっても過言ではない。

徹底した権力の分散――「隷属からの自由」「民主政治」を政治システムに埋め込む装置

それでは、アメリカの政治システムの中にどのように「隷属からの自由」「民主政治」という二つの理想が組み込まれていったのだろうか。この理想を実現するために、前述のマディソンを中心とする合衆国憲法の起草者たちが考えたのは、権力が一カ所に集中しないように徹底して分散することに他ならなかった。

独立したばかりのアメリカという国家の基盤は脆弱だった。連邦政府という中央政府を作らないとイギリスなど欧州諸国が次に攻め込んできたときに対応できない。中央政府という権力は必要だが、アメリカ植民地の人々は、イギリスの圧政の経験から、権力は常に集中し、腐敗していくという事実をいやというほど知っていた。

中央政府の権力と人々の自由との均衡をいかに保っていくかというバランスを考えたとき、憲法の中心起草者の一人だった前述のマディソンらが考えた結論が、中央政府における権力集中を徹底的に抑えていくことだった。マディソンらが書いた前述の『ザ・フェデラリスト』には、「新しくできる連邦政府（中央政府）が国民の自由を脅かすものであってはならない」という権力の危険性を強調した主張が頻繁に登場する。この主張は、言い換えれば、「連邦政府を〝王様〟にしない」ことに他ならない。連邦政府の権限が限定されれば、人々が統治上の決定権を持つ民主政治は担保できる。

マディソンらのこの考えは、州の権限を主張する反連邦主義派との苛烈なやり取りの中から形作られていった。アメリカはもともと一三の独立した植民地（邦）の連合体からスタートした。独立後も当初は基本的に各州政府の自治が許され、連邦（連合会議）の権限は非常に弱かった。一七八七年に開かれた憲法制定会議では、中央政府（連邦政府）創設を訴えるマディソンら連邦主義派に対して、「中央政府の独裁は許さない」とする反連邦主義派の反発はすさまじかった。

激しい対立の結果生まれた合衆国憲法では、憲法が規定したアメリカの政治システムは、国家の権力が特定の勢力に集中しないように権力分立制が様々なレベルで最大限に実現されているのが特徴となっている。国家の統治は憲法に基づく立憲主義を通じて行われ、連邦主義とともに中央（連邦）政府の権限が大きくなりすぎないように限定政府を基盤とする。いずれも反連邦主義者に配慮したものになっている。具体的には、連邦政府（中央政府）と州政府の役割上の棲み分けである「連邦主義」と連邦政府の中でのチェック・アンド・バランス（抑制と均衡）が、権力分立の柱となっている。

まず、「連邦主義」の徹底については、現在でもアメリカ政治の特徴の一つである州の権限の強さに象徴されている。連邦を構成する州がそれぞれ憲法を持ち、独自の政治システムを構築して政治を行う中、州が主権の一部を連邦政府に移譲する。このような形で、役割を棲み分けるのが「連邦主義」である。移譲される連邦政府の権限は防衛、関税、通商など憲法の条文に列挙された事項（列挙権限）に限られており、それ以外の部分はすべて州政府および国民に留保される。連邦主義に基づいた州の権限の強さは、アメリカ政治の特徴の一つとなっている。

次に、連邦政府の中でのチェック・アンド・バランスは、中央政府の中における権力集中を排除する仕組みに他ならない。連邦政府の権力を立法権（連邦議会）、行政権（大統領）、司法権（連邦裁判所）の三権に分け、互いに監視しあうのが、「チェック・アンド・バランス」である。それぞれが互いを牽制しながら連邦議会、大統領、裁判所のいずれについても〝独裁君主〟を防ぐ仕組みである。

これに加えて、国民と最も密接な関係である連邦議会はそれだけ権力が集中する可能性があるため、上下両院の二院に分けている。下院が小さな選挙区の代表であるのに対して上院は州の代表である。上院には条約批准同意権と大統領が任命した政府高官の承認・非承認を行う役割があるため、注目度が高いものの、上院、下院は基本的には法律上は全く平等である点が特徴的であり、上院と下院とでまったく同一の法案が可決されることはほとんどない。同じ二院制をとっていても、首相指名、予算案の優先権など明らかに衆議院が優越している日本とは対照的である。

特筆できるのは、アメリカの権力分散制という政治システムは、性悪説に基づいているという点である。人は利己的であり、同じように私利私欲に駆られた輩と癒着することで、権力を掌握し、利益を自分のために使うという「利己心」を徹底的に排除しようというのが憲法の起草者の狙いだった。権力は集中するとともに腐敗するという諦念にも似た感覚を憲法起草者は持っていた。だからこそ、権力が集中しない制度設計を重視した。

憲法起草者の制度設計は権力の分散だけに終わらない。私利私欲に駆られた輩が一定の時期に国の方向性を一気に変えるような「衆愚政治」を防ぐために、連邦議会、大統領、連邦裁判官のいずれについても、選出方法や任期を重ならないように入念に工夫する。上院議員（各州から二人。当初は州議会が選出したが、一九一三年以降は直接州民が選出）は任期六年、下院議員（議員数は選挙区ごとの人口比による。選挙区民による直接選挙）は任期二年、大統領（一人。大統領選挙人による間接選挙）は任期四年、連邦裁判所判事（大統領の任命、上院の承認による）は一部を除いて任期は終身、といったように、任期、選び方、選ぶための選挙の期間にも差をつけた。

さらに、大統領が重大な罪過を犯したと認められる場合に限り、大統領を弾劾する権限を議会に与えているのも、具体的な政策プログラムを運営する行政の長を監視するという意味で、政治システム上、大きな意義がある。弾劾については、下院が単純過半数の賛成に基づいて訴追し、上院が弾劾裁判を行う。上院では出席議員の三分の二以上の賛成で弾劾を決定するが、過去に弾劾裁判にかけられたのは二人の大統領（一八六八年のアンドリュー・ジョンソンと一九九八年のビル・クリントン）しかいない。

さらに憲法起草者たちは、新国家の拡大とともに共和国が広がっていく「拡大共和制」に期待した。国が発展・拡大していく中、多様な人々や意見を受容し、より多様な人々の政治参加が可能となれば、特定の少数集団が政治を牛耳ってしまうような権力集中の状態を防ぐことができると想定した。アメリカの歴史の発展を見ると、実際、そうなっていくのは前述のように「デモクラシー」が急拡大したのを見れば明らかである。拡大共和制は多元主義とともに、アメリカ国家の成長の基盤となっていく。

チェック・アンド・バランスの例――法案が立法化され、運用されるまで

具体的に法案が立法化され、運用される段階を見てみると、権限分散が徹底されている事実が一層明確になる。政治を動かすためのルール（法律）をつくるのは連邦議会であり、法案は

すべて形上は議員立法である。大統領と主要省庁の長官で構成される内閣や、大統領の行政権の実務組織である官僚組織のいずれも法案は提出できない。大統領は教書のような形で法案を議会に提案することはできるが、実際の審議は議会の手に委ねられており、立法化の過程で大統領の意図とは大きく異なる法案になってしまうこともしばしばある。ただ、法案が成立するには、上下両院で承認されたのち、議会が作った法律を運用する行政府の長である大統領の署名が必要である。

大統領は議会が作った法案に対して、理由を付して議会に送り返すことができる拒否権を持っている。しかし、大統領が拒否権を発動しても、連邦議会の上下両院がそれぞれ三分の二以上の多数でふたたび採択すれば、拒否権にも拘らずその法案は連邦法として発効する。

大統領が運用する政策の内容は議会が作った法律に従うが、その法律の実際の解釈と運用は大統領に任されている。一方で議会には具体的な政策が大統領によってどのように運用されているのかを監視する機能があるため、大統領の政策運営は常に議会からの監視下に置かれる。大統領は政策運営の一環として大統領令という独自のルールを決めることができるが、これはあくまでも議会が決めた法律を大統領が解釈するものであり、法律に比べると拘束力は小さい。政権が変われば、過去の大統領令は書き換えられてしまう。

司法（連邦裁判所）は議会が作った法律や、大統領令を含む、大統領の行政運営について、憲法解釈の観点から司法審査を行い、違憲判決を下すことができる。もし、違憲となった場合、議会は新しく法律を作り直すこととなる。

アメリカの裁判所は、国の政策や社会的に重要な争点について積極的な裁定者となる傾向がある司法積極主義であることも大きな特徴である。公民権運動に代表されるように市民運動などの政治活動の一環として裁判闘争戦術が採用されてきたのは、司法の在り方に呼応している。ただ、連邦裁判官の任命は大統領、承認は連邦議会上院が担当するように、裁判官についても議会や大統領側の監視が常に光っている。これは「司法の独裁」を防ぐ工夫に他ならない。

また、司法システムについても、前述した連邦主義により、連邦裁判所と州裁判所の二本立ての系列があり、それぞれが独自に完結している。連邦裁判所で扱われる裁判は憲法解釈のほか、連邦法の違反事件や州を超える事件に限られている。州法によって争われる事件は州の最高裁判所の判断が最終的なものであり、連邦裁判所へ控訴することはできない。

連邦議会での法案の流れは、上下両院を通過した後、両院協議会が開かれて内容を摺り合わせし、調整したうえで大統領に付託される。もちろん、上下両院で意見が最後まで食い違うことも頻繁にあり、政治的な対立状態を生む制度でもある。政治とは合意が不可欠であるため、膠着状態は問題ではあるが、〝動かない政治〟の背景にはそれだけ、両院で権力が分散されている事実がある。

このように議会、大統領、裁判所が権限を分割しながら権力を分散させているのが特徴である。このようなアメリカの権力分散制は、「自由」と「民主政治」を担保するための方策として、イギリスのジョン・ロックやフランスのモンテスキューによって提唱された三権分立を初めて本格的に政治システムに取り入れたものである。二十一世紀の私たちにとっては、むしろ普通の政治システムに見えるかもしれないが、独裁的な君主が政治を牛耳っていた十八世紀末の世界には、非常に画期的な制度だった。

現在においても日本やイギリスなどの議院内閣制の国家と比べると、アメリカの徹底した権力分散は非常に顕著である。特に、日本と比較すると分かりやすい。日本の場合、国会で審議される法案の大多数が実際は行政を担当する内閣が提出する閣法であり、しかも、閣法の具体的な文面のほとんどは官僚が実際には書いている。つまり、官僚が「自分たちで運用しやすい法律を自分たちで書いている」というのが実情である。また、日本の裁判所は国の政策について、司法独自の判断を極端に控える「司法消極主義」で知られている。そもそも裁判所で違憲にならないように、官僚組織の一部である内閣法制局が法的な不備がないか、入念な確認を続けている。このように、法律作成の段階で行政の実務部隊である官僚に権力が一極集中しているのが日本であり、権力が分散されているアメリカとは大きく異なっている。

「自由」「民主政治」という理念とアメリカ外交

「自由」「民主政治」はアメリカの外交政策にとってもその行動原理を規定し続けている。いずれも、独立・建国の時代から現在まで、アメリカの外交を動かすためのイデオロギーとなっており、この点は国益を最大化することを行動原理としている欧州型の外交交渉とは大きく異なっている。ただ、注意すべきことは、「自由」「民主政治」という理想を具体的な外交政策に落とし込む過程で、「孤立主義」と「介入主義」という全くもって矛盾した方向性が生まれているという事実である。

「孤立主義」とは、アメリカと西欧諸国の相互不介入をもってアメリカ外交の原則とする立場であり、アメリカが西欧からの影響をできるだけ受けないように距離を置くべきであるという主張に基づいている。十九世紀にはこの孤立主義がアメリカ外交の基調にあった。欧州の諸国家にはアメリカが志向する「自由」も「民主政治」もなく、アメリカという自己の純粋性を保つために旧大陸と決裂し〝丘の上の街〟という理想の国家を発展させようという動きである。

欧州には関わらないようにすべきであるという初代大統領ワシントンの「告別の辞」や、西半球におけるヨーロッパ諸国の勢力拡張に反対する「モンロー主義」（一八二三年）には、外交における孤立主義の理念が明確に示されている。

ただ、孤立主義は、理念だけに依拠したわけではない。建国したばかりのアメリカにとって、欧州に関与しないことでアメリカの独立と安全を確保しようとした現実的な考えにも基づいていると言える。また、十九世紀のアメリカにとって「孤立主義」が外交戦略の一つとして機能したのは、自然の防波堤であり、最強の安全保障の武器となる大西洋という空間の存在が大きい。大西洋はアメリカを西洋文化の一環として意識させるものだが、一方で大西洋はアメリカを欧州から断ち切る孤立の象徴だった。大西洋をはさんだ微妙な欧州との距離感があったため、アメリカは欧州からの孤立を宣言し外交戦略として進めることができた。その一方で欧州との「つながった感覚」があったため、欧州で生まれた民主主義や自由主義が現実的なアメリカでは国家制度の中に実験的に組み込まれ、定着していった。

アメリカが「世界の警察官」として国際覇権秩序の中心となっていった二十世紀半ば以降、実際問題として孤立主義はありえないものとなっている。しかし、例えば、ここ二〇年間をみても、京都議定書という国際条約が上院の反対で批准されなかったように「アメリカ例外主義」

が目立つケースもある。このような例は、孤立主義の残像がまだ残っていると言っていいかもしれない。また、後述するトランプ政権が進めている各種政策は孤立主義への回帰をはらんでいる。

一方の「介入主義」は、「自由」と「民主政治」という理念を欧州の進出していない地域に伝播していこうとする宣教師的な想いに基づいている。「孤立主義」が目立った十九世紀でも、北米のメキシコを含むラテンアメリカ諸国とアジア諸国に対しては、アメリカは「自由」と「民主政治」という理念を広げるために進出していった。

そもそも「モンロー主義」は、欧州の神聖同盟諸国がスペインから独立したラテンアメリカ諸国に干渉して君主制を押しつけ、神聖同盟に結びつけようとしたことに当時の大統領モンローが反対したことに端を発している。欧州からの孤立だけでなく、西半球における欧州諸国の勢力拡張に反対し、アメリカの優越を主張した「モンロー主義」は、「孤立」と「介入」が表裏一体にあることを示している。

この「介入主義」については、「自由」と「民主政治」という高い理念とは裏腹に「介入」される方にとっては複雑である。アメリカ大陸全体にアメリカ的諸制度を拡大し、野蛮な原住民を「文明化」することが神から与えられた天命であるという「明確な宿命」という西部開拓のイデオロギーが強く関連している。十九世紀末に西部の未開地が事実上消滅した後、「明確な宿命」というイデオロギーはその後、米墨戦争（一八四六～四八年）、米西戦争（一八九八年）やハワイ併合（一八九八年）など合衆国の帝国主義的な領土拡大や覇権主義を正当化するための言葉となった。二十世紀初めのセオドア・ルーズベルト大統領時代のパナマ、ドミニカ、ニカラグアなどのカリブ海諸国に対する武力干渉「棍棒外交」や、アメリカ的民主主義を世界に普及させることが世界の安定と進歩を導くと強く信じるウィルソン大統領の国際連盟創設案なども、理念を広げようとする宣教師的な外交の一端である。さらに、第二次大戦後の共産圏諸国との冷戦も佐々木卓也が指摘するように「アメリカの民主主義的生活様式を守る戦い」だった。

「介入主義」については、「自由」と「民主政治」という理念だけでアメリカが他国に介入できるような時代は、あくまで十九世紀末から二十世紀はじめの帝国主義の時代の話である。特に第二次大戦後の場合、例えば、ニクソン政権の国務長官キッシンジャーのように、国益を最優先する国際政治でいうところの「リアリズム」に基づく外交政策を行っていった。また、一九九〇年代の湾岸戦争、対バルカン半島外交のように、ソ連崩壊後はアメリカが中心となった国際協調を基調にした外交が展開される中、理念に沿った外交政策は目立たなくなっていった。

それでも、二〇〇三年に始まったイラク戦争において、フセイン独裁国家を崩壊させ「自由で民主的な国家建設」という政治システムのレジームチェンジ（体制変革）を望んだ「ネオコン」（新保守主義者）たちの主張をみると、理念に基づいて他の国や地域に積極的に介入していく立場が完全に払拭されたとは言えない。国連などの機能不全を超えるためアメリカが単独でも他国に介入していこうとする動きは国際社会を驚かしただけでなく、イラク戦争における人的被害がアメリカ側にも広がり、長引く戦費は国家予算を圧迫した。イラク戦争における「介入主義」の極致とも言える「単独行動主義」への反省が非常に高まっており、ちょうどオバマ政権が誕生した二〇〇九年前後からの各種世論調査によると、アメリカ国民はかつてないほど、外交における他国への関与を望んでいない状況が続いている。それでも、複雑化する世界情勢に対してアメリカのリーダーシップを望む声は強いが、トランプ大統領は明確に「世界の警察官」であることを否定している。「介入主義」が理念に基づかず、内向きの「孤立主義」の萌芽を生み出しつつあるものの、この流れがどう変わっていくのか。さらに、トランプ大統領の場合、レーガン政権の掲げた「力による平和」というスローガンを継承しており、単なる孤立主義とは言いにくい点も注視しなければならない。

「抑圧・貧困からの自由」と「肥大化した政府からの自由」

話をアメリカ国内に戻したい。アメリカという国家が発展していく中、「自由」の持つ意味は特に二十世紀半ばから大きく変化してきた。それは「抑圧・貧困からの自由」と「肥大化した政府からの自由」という真逆の方向性を持つ二つの「自由」観に結実していく。

まず、「抑圧・貧困からの自由」は「ゴールの平等」「結果の平等」という意味がアメリカ政治の文脈で増えてきたことが挙げられる。「〝王様〟を作ってはならない」という古典的自由主義をつき進めていくとどうしても、大きな問題に突き当たる。それは、経済的な格差という厳しい現実である。機会均等を貫いても、自由な経済活動を行っていくうちに、どうしても貧富の差が生まれてしまうため、自由の概念を推し広げていく中、機会の均等という概念そのものを大きく見直さなくてはならない状況に行きつく。つまり、圧政からの苦しみと同じように、抑圧・貧困という苦しみからも人々を解き放たなければならないという考え方である。つまり、自由という概念の拡大が「平等」という理想も生み出していった。

「平等」を実際に推し進めるのは、政府に他ならない。人々から集めた税金を連邦政府や州政府が仲介し、所得再分配を進めることで「平等」が達成されていく。また、差異を生み出すような政策には、政府だけでなく、司法が違憲判決を続けていったのも特筆できる。「人種的に隔離するのは不平等」と裁定した「ブラウン判決」（一九五四年）などがその代表的な判決である。「公」の機関が所得再分配を重視する理想を総称して、「リベラル」と呼ぶのも、自由の概念を推し広げていったことを象徴的に示している。

「リベラル」の理想を正義の観点から理念化したのが、政治思想家のロールズである。ロールズは、公正としての正義については、二つの原理に基づくべきであると主張する。その二つとは、機会均等という第一原理に加え、社会的、あるいは経済的不平等に対しては、可能な限り改善するという格差についての第二原理である。簡単に言えば、「格差は正義ではないため、是正すべきだ」ということになる。ロールズのこの考え方は政府が福祉を提供するという福祉国家化につながる。

アメリカの場合、十九世紀末からの革新主義、大恐慌の後のニューディール政策で、国家が人々を救済する福祉国家化が進んでいく。今のアメリカの状況をみると国民皆保険制度を公的に制度化したのが二〇一〇年と遅い他、その制度も更に改定されている。国家が福祉を提供する「福祉国家」という言葉はそぐわないような気がするかもしれないが、アメリカはそもそも社会保障という名を付けた政策を世界で最初に始めた国である。特に、第二次大戦後の経済成長を背景に、貧困などの社会問題に対する公的な取り組みにはアメリカは非常に熱心である。

一九六〇年代のジョンソン政権の「偉大な社会」のスローガンの下、高齢者向けのメディケア、貧困者向けのメディケイドという二つの公的医療保障制度の創設により、自由主義諸国の中でも急速にアメリカは福祉国家化していくことになる。

このように、アメリカの建国時における「自由」という理想は、「自由」と「平等」という二つの理想に生まれ変わった。「平等」を目指す所得再分配を重視する「リベラル」という理想はアメリカ国内に広く浸透していく。

しかし、所得再分配による「平等」は、その装置を作り上げた国家が肥大することを意味する。第二次世界大戦後の福祉国家化で、行政の権限が極めて大きくなり、「平等」を目指す所得再分配が進めば進むほど、政府は「王様」に変貌し、アメリカという国家が目指してきた権力分散の理想から乖離することになる。そもそも、圧制や束縛から逃れる自由と、権利の最大限の平均化である平等という二つの理想をつきつめていけば、政治的な対立は必至である。平等主義的な再分配は、必ずしも平等になりきれないという不平等感を拡大生産し続ける。

「ゴールの平等」「結果の平等」は、自由そのものを奪っていくという結果に気がつく国民も増えていく。実際に一九七〇年代末ぐらいから、福祉のただ乗りなど、制度を悪用するケースも目立ってきた。

福祉国家化の中で、個人的な自由、経済的な自由の双方を徹底的に重視するこの理想が、三つ目の「自由」である。この「大きな政府」から逃れようとし、「自由」になりたいと願う自由は自由至上主義などと訳される「リバタリアン」的考え方である。リバタリアンの代表的論者として知られるロバート・ノージックは、ロールズに反論し、個人の自由は政府が干渉すべきでなく、最大限尊重すべきであるとする。リバタリアン的な考え方は、当初の「自由」への揺り戻しであるとも考えられる。

政治的分極化の時代

二〇一〇年から全米に広がった草の根運動であるティーパーティ運動は、「リバタリアン」的な色彩の強い財政保守派の運動である。特に、個人的な自由、経済的な自由を志向するという点から、ティーパーティ運動は、連邦政府の医療保険制度への介入には徹底的に反対し続けてきた。ティーパーティ運動は、アメリカの保守政治を大きく揺るがす勢力に成長し、議会でも「自由議連」を中心に運動を代弁すると言えるような強硬派が台頭している。

一方、企業の独占と政治の癒着などを糾弾する「ウォール街占拠運動」などの占拠運動に代表される左派の運動も二〇一一年に急速に大きくなった。こちらの方はリベラル的な所得再分配を強く主張している。どの先進国も福祉国家化し、さらに人もモノもグローバル化する中、アメリカ建国時に目指したような徹底したリバタリアン的な概念は現実にそぐわない。

このように自由は、「リベラル的な平等」、「リバタリアン的な自由」という同じ言葉から生まれた二つの方向性を生みだしているのが現在のアメリカである。

「自由」とはそもそも強制のないことを意味するが、これまで論じたように、「自由」という概念が具体的に何を意味し、「何からの自由か」については、アメリカという国家が発展していく中、特に二十世紀半ばから大きく変わってきた。同じ「自由」の追求から生まれた「自由」と「平等」という二つの理想は現実的には矛盾しかねない。特に、「平等」を目指すリベラル的な所得再分配と自由至上主義であるリバタリアンとの思想的位置は正反対である。

この対立が現在の政治的分極化（political polarization：両極化）、平たく言えば「二つのアメリカ」化につながっているのは言うまでもない。アメリカ政治・社会における政治的分極化とは、国民世論が保守とリベラルという二つのイデオロギーで大きく分かれていく現象を意味する。保守層とリベラル層の立ち位置が離れていくだけでなく、それぞれの層内での結束（イデオロギー的な凝集性）が次第に強くなっているのもこの現象の特徴でもある。

政治的な対立を生みながらも、「自由」という理想を強く求めてきたのが第二次大戦後のアメリカの政治史である。前述したように、「平等」を目指すリベラル的な所得再分配と自由至上主義であるリバタリアンとの思想的位置は正反対であり、この対立が現在の政治的分極化を生み出している。

保守派のティーパーティ運動、リベラル派のウォール街占拠運動のいずれにおいても、ソーシャルメディアを使った動員戦術が広く浸透した。「ソーシャルメディア民主主義」と言えるような社会運動は、政治参加を促す意味でも、潜在的な政治発展のツールとしても注目される。一方でそれは「怒り」に基づいた感覚的な反応であり、運動を報じる「政治報道の分極化（メディアの分極化）」という報道機関側の変化も関連して、好ましい政治参加の形を生みだしているかどうかという点については、疑問が残る。

曲がり角を迎えた「自由と民主政治」という理想

アメリカ的な「自由」「民主主義」は大きな曲がり角にある。

ここ数年のアメリカ政治を語るうえで最も大きいのが前述の政治的分極化だが、政治的分極化は簡単に起こったわけではなく、ここ四〇年間徐々に進んできた。そしてオバマ、トランプ両政権でこの政治的分極化が更に極まっている。現在のアメリカ社会には、政治に対する強い不満が渦巻いている。政治的分極化による妥協ができない政治の中、法案が極めてまとまりにくいため、アメリカ政治における選挙デモクラシーが機能不全に陥っている。

二〇一六年大統領選挙で当選したトランプは分極化時代の申し子とも言える。トランプ大統領の行動原理にあるのが、敵と味方を峻別する意識だ。「味方」とは共和党を支え続けている「小さな政府」を志向する人々と宗教保守だけでなく、多文化主義を忌み嫌う白人ブルーカラー層である。大型減税、保守派の最高裁判事任命、イスラム教徒を多数含む国からの入国禁止など、トランプ大統領は就任後、それぞれの支持層に還元するような政策を連発してきた。

トランプ政権の誕生で、アメリカ的理念も大きな曲がり角を迎えている。もちろん「民主主義」や「自由」といった理念は現在でもアメリカの国家の根本にあるが、それでもかなり後退した印象もぬぐえない。

アメリカ自らが第二次大戦後の覇権のための様々な仕組みを少しずつ解体し始めたかのように見える。多国間の自由貿易協定を脱退し、二国間の自由貿易協定を進めているトランプ政権の動きは実際には各種貿易ルールをアメリカ有利なものに意図的にする「管理貿易」そのものである。

「自由貿易」から「保護主義」への変化や、非合法移民に対する厳しい対応などは、開かれたアメリカから「閉ざすアメリカ」に大きく方向転換しつつあるようにみえる。フリーダムハウスの今年の民主主義の指標はアメリカを中心にかなり落ち込んでいる。トランプ大統領の破天荒なツイッターを読んでいると「法の支配」という言葉も色あせてしまう。ただ、一連のポストグローバル化の動きはトランプ政権に特異なものとは言い切れず、オバマ政権の時代から生まれている。「覇権交替期」に入ったとみられる国際政治の中、「自由と民主主義」というアメリカの理念の正当性が問われている。

北米全体の中のアメリカの政治・外交

言うまでもなく、隣接するカナダ、メキシコとアメリカとの関係は非常に深い。特に、カナダ、メキシコとアメリカの三カ国による自由貿易協定である北米自由貿易協定（NAFTA）が発効した一九九四年以降、三つの国境を越えた貿易や人の移動が常に注目の的となってきた。ただ、このNAFTAにもトランプ政権はメスを入れつつある。

本章で論じたように、アメリカの政治・外交の根本には「自由」「民主政治」という理想があり、この二つの理想に従い、政治システムが構築、運用されてきただけでなく、外交政策における行動原理となっている。アメリカの生んだこの「自由」「民主政治」という理想は、国境を越え、北米各地にも飛び火していく。その際、独自の解釈に基づいたのは興味深い。ただ、例えばカナダの場合、英領にとどまり、議院内閣制というイギリス型の制度を残した上で、アメリカ型の連邦主義を採用し、州ごとの多様性を保ち、現在に至っている。メキシコは度重なる憲法改正の中、形の上では権力分散を確保したものの、現在のシステムでは大統領に権限が集中している。

外交関係を考えてみると、米加関係の方は米英戦争（一八一二～一四年）の際には激しく対立したが、それ以降は非常に良好な関係を維持してきた。これに対して、米墨関係は複雑である。アメリカ人の入植から端を発する米墨戦争という戦火を交えた一方で、その後、アメリカの南北戦争に乗じ、メキシコに出兵してきたフランス軍に対しては、アメリカの支援を得て対抗した。その後、ことあるごとに民主主義の伝播を掲げたアメリカの介入が目立っていく。実際、十九世紀後半から一九三〇年代のアメリカは、メキシコにとって（あるいはほかのラテンアメリカ諸国にとっても）常に領土的・経済的な野心にあふれる帝国にみえたはずである。アメリカを帝国としてみる見方はいまもラテンアメリカ諸国では比較的強い。アメリカに対する反発は強いものの、メキシコを中心に増え続けるアメリカへの非合法移民の数は、反発の裏にあるアメリカへの憧れの強さも示している。

一方、本章で論じたリバタリアン的な「自由」は、一九八〇年代以降、アメリカ国内ではあまり使わない「新自由主義」という言葉となって北米だけでなく、欧州、日本など世界的に広がっていく。「新自由主義」をめぐる議論の多くは否定的なニュアンスが伴っているが、元々のアメリカの政治理念における「自由」という根本まではその議論が及ぶことはほとんどない。その意味で、アメリカの理念についての根本的な検証を更に進めていく必要性は大きい。

〈**参考文献**〉

久保文明他編著『ティーパーティ運動の研究――アメリカ保守主義の変容』ＮＴＴ出版、二〇一二年

アレクシス・トクヴィル『アメリカのデモクラシー』松本礼二訳、岩波書店、二〇〇五年

佐々木卓也『冷戦――アメリカの民主主義的生活様式を守る戦い』有斐閣、二〇一一年

アレクザンダー・ハミルトン、ジョン・ジェイ、ジェームス・マディソン『ザ・フェデラリスト』斎藤真・中野勝郎訳、岩波書店、一九九九年

吉野孝・前嶋和弘編著『オバマ後のアメリカ政治――二〇一二年大統領選挙と分断された政治の行方』東信堂、二〇一四年

前嶋和弘・山脇岳志・津山恵子編著『現代アメリカ政治とメディア』東洋経済新報社、二〇一九年
前嶋和弘「アメリカの政治的分極化」『国際行動学研究』二〇一八年、一三巻、一～一一頁
前嶋和弘「アメリカ社会における社会的分断と連帯――メディアと政治的分極化」『学術の動向』二〇一七年、二二巻、八四～九〇頁
前嶋和弘「二〇一六年アメリカ大統領選挙とメディア」『選挙研究』二〇一七年、三三巻、三〇～四〇頁

Q ディスカッション・クエスチョン

・アメリカの「自由」という理念の揺らぎはどのような政策上の意味を持つのか考えてみましょう。

第八章

消える国境・残る国境・変わる国境

——ＮＡＦＴＡ後の北米地域

谷　洋之

メキシコという国が世界のどの地域に区分されるかと問われたら、多くの人は「ラテンアメリカ」あるいは「中南米」と答えるだろう。本書の中でメキシコが扱われているのは、その意味では、この国が北米地域と関係が深いから、とすることもできる。しかし、本稿ではメキシコを「北米」の一部を構成する要素として捉えることとする。そうすることによって、「国境」とか「境界線」とか呼ばれるものが決して絶対的なものではないことを意識することができるように思われるからである。

そもそも「地域区分」というものは、人間が何らかの目的で便宜的かつ恣意的に設定したものにすぎない。「ラテンアメリカ」という概念にしても、それが登場したのは十九世紀中葉であり、国際的な場面で一般的に用いられるようになったのは第二次世界大戦後のことである。

それ以前は「南アメリカ（South America）」の語が米州のメキシコ以南の地域を指して使われることが多かったし、また一九六〇年代以降、カリブ海に位置する数多くの旧イギリス領植民地が政治的独立を達成すると、その歴史的・言語的・文化的独自性を考慮して、国際機関では「ラテンアメリカ及びカリブ地域（Latin America and the Caribbean）」という呼称が使われるようになった。

他方、「北米（North America）」という概念も、例えば本書を構成する大多数の章では「アメリカ合衆国とカナダ」を指すものとして使われているが、これはいわば「ラテンアメリカ」の対概念である「アングロアメリカ」の同義語として捉えられているのであろう。しかし、ここにはフランス語圏であるケベックが含まれる一方で、ケベックを「ラテンアメリカ」に含める用法は、少なくとも筆者は目にしたことがない。他方、メキシコでは専ら「アメリカ合衆国」を指す語として「北米（Norteamérica）」が使われることもある。いずれの概念についても、特定の文脈において、特定の意味づけをされながら（あるいは特定の意味づけが否定ないし拒否されながら）、恣意的に名付けられ、特定の場面で、あるいはあたかも一般性を持つごとく便宜的に用いられているにすぎないのである。

本章の目的は、このような考えに立ちながら、「米国」対「メキシコ」という二項対立的図式に陥りがちな議論を相対化し、この両国の関係について、あるいは「国境」という存在について、読者が新たな見方を獲得する一助とすることである。

なぜメキシコは「北米」を構成する一国であり得るのか

先に「本稿ではメキシコを『北米』の一部を構成する要素として捉える」と述べた。なぜそのようなことが言えるのか。まず地理学的・地質学的な意味での「北米」を考えてみよう。この場合の「北米」とは「北アメリカ大陸」と同義と考えられる。その北限は、北極海に面するアラスカからカナダを経てグリーンランドに及ぶ地域であるが、南側はどこまでが北アメリカ大陸なのであろうか。その答えは「テワンテペック地峡まで」である。テワンテペック地峡とは、メキシコ南部ユカタン半島西側の細くくびれた部分である。このことは、逆に言えば、メキシコの国土の大半は北アメリカ大陸の上に乗っている、ということでもある。

もちろん、北米大陸上に国土の大半があることをもって「北米の一国」とするのも恣意的な判断である。似たような例を引くならば、日本の国土の概ね東半分は「北米プレート」と命名されたものの上に乗っているわけだが、それをもって日本を北米の一国に数える人はいないだろう。しかしながら、メキシコの国土を歴史的に遡って見るならば、この国の「北米」性には、また別の説得的な根拠が与えられると言えるのである。

米国史でも、メキシコからのテキサス共和国独立（一八三六年）とその米国への編入（一八四五年）、そしてそれを端緒とする米墨戦争（一八四六〜四八年）は扱われるであろうが、それは多くの場合、「明白な運命」に基づく「西漸運動」という、米国の輝かしい拡大の軌跡として描かれているのではないかと思う。しかし逆にこれらの事象をメキシコ側から見るならば、アングロサクソン移民によるテキサスの簒奪とメキシコ領への米国の侵略、そして戦争の敗北がもたらした国土の喪失として捉えられる。このとき米国に割譲されたのは当時の国土面積の五二％であったが、テキサスの地下に眠る油田の存在や終戦の翌年にカリフォルニアで始まったゴールドラッシュを想起するならば、更に大きな損失であった。

しかし、ここで問題にしたいのは、十九世紀半ばまでメキシコが現在よりもはるかに大規模に北米大陸に広がる国土を有していたということであり、またそこにはスペイン語を話し、カトリックを信仰する、いわば「元祖ヒスパニック」とも呼びうる人々が居住していたということである。彼らが生活していた土地は、米墨戦争を終結させた「グアダルーペ・イダルゴ条約」によって、メキシコ政府に対して支払われた一五〇〇万ドルと引き換えに米国領となった。その地域の住民にしてみれば、自らの手の届かないところで行われた講和により、一夜にして国境が自らの頭の上を南へと瞬間移動したのである。この講和では、新たに設定された国境の北側に住むことになった彼らのアイデンティティや財産は手つかずで保全されるはずであったが、この約束は反故にされた。その後、多くの苦汁をなめたとされる「元祖ヒスパニック」たちは、「北米の中のメキシコ」そのものであったと言える。

政治的に作られたメキシコの「北米」性

目を現代に転ずることにしよう。メキシコ（と他のほとんどのラテンアメリカ諸国）は一九八二年、深刻な対外債務危機に見舞われることになった。対外債務危機とは、各国政府が米国や欧州、そして日本の銀行から借りたドル建て融資を返済することができなくなったということである。その原因は、本来そう単純なものではなく、実際、債務危機が発生した一九八二年からほんの数年の間だけで、何が危機の主因なのかについての議論は大きく変化していった。当初は、金利高・ドル高・資源安（当時メキシコの輸出の約八割は原油が占めていた）という悪条件が重なったことが原因と捉えられ、国際通貨基金（ＩＭＦ）がつなぎ融資（bridge loan）を行うことで凌げると考えられたが、一九八〇年代半ばに至ると、その主な原因はメキシコの経済構造そのものに求められるようになっていった。

このような思潮が主流を占めるようになったのは、決して偶然ではない。一九三〇年代の世界大恐慌とそれに続く第二次世界大戦を機に世界的に経済思潮の主流に位置するようになったのはケインズ経済学であったが、主要先進諸国においてその弊害が強く意識され始めたことと相前後して対外債務危機が起こったことが、その理由として指摘できるだろう。具体的に言うならば、第二次大戦後の世界経済は、各国政府が財政・金融政策を通じて行う景気対策により長期かつ安定的な成長を遂げたが、特に一九七〇年代以降、インフレがその副作用として表面化し始めていた。政府が経済に介入しすぎであるという考え方は、イギリスのサッチャリズム（一九七九年〜）、米国のレーガノミクス（一九八一年〜）という形で政策化されていった。メキシコの対外債務危機も同じように政府が経済に過度の介入を行い、歳入に見合わない歳出を続けたためであると捉えられたのである。それとともに、メキシコ政府が積極的に推進してきた輸入代替工業化（輸入品を国産品で代替するための工業化）も、外貨建て融資を元手に行われながら、国内市場をターゲットとしているために外貨を稼げず、それが外国への融資返済ができない理由であると批判されるようになった。メキシコは輸出ができるようにその経済を「体質改善」しなければならないとされたのである。

このような政策転換は、ＩＭＦや世界銀行という米国の強い影響下にある国際機関によって押しつけられたものであるという考え方が一方では存在する。たしかにこの考え方は、事実の一端を示している。しかしながら、もう一方の事実として、メキシコの国内でも、こうした「米国型」の政策論理を自家薬籠中のものとして駆使していこうとする新たなタイプの政治指導者、いわゆる技術官僚（テクノクラート）層が台頭しつつあったことも見逃してはならないだろう。かつてはメキシコ国立自治大学法学部を卒業し、与党役員や労働大臣を経て内務大臣を務めるというのが大統領への出世街道であったが、一九七〇年代以降、米国の大学院で行政学や経済学の修士号・博士号を取得し、経済閣僚を歴任するというのが新たな出世コースとなっていった。彼らにとっては、ＩＭＦ・世銀が「押しつける」政策論理は、まさに若き日に自らが米国で学び取った論理そのものであった。彼らにとって、貿易は自由化されるべきものであったし、経済活動に対する規制やバラマキ型の補助金は取り除かれるべきものであった。彼らこそが、ＩＭＦや世銀がもたらす「外圧」を積極的に利用した、という見方もできる。

このような新たな経済政策路線の終着点とも呼べるものが北米自由貿易協定（ＮＡＦＴＡ――一九九四年発効）である。これは、その名の通り、北米地域にある三ヵ国――米国、メキシコ、カナダ――相互間の貿易を自由化するものであったが、実はこの協定の守備範囲は、貿易だけにとどまるものではない。自由化されたのは貿易だけではなく、国際投資も同様であった。また国境の両側に跨がる経済活動を円滑に行うために不可欠である共通ルールの整備もＮＡＦＴＡの枠内で行われた。例えば、北米三ヵ国内で生産された財の取引が自由化されるとして、どのような条件を満たせばその財が北米域内で生産されたと認定され、関税免除の対象とされるのか（原産地規則）、あるいは米国のＡ社とメキシコのＢ社が行った取引で考え方の食い違いが明らかになったとき、どのようなルールに則ってそれを解決するのか（紛争処理）などがその内容である。このようにＮＡＦＴＡは、経済活動に関して北米三ヵ国をあたかも一国のように取り扱えるような環境を整えるものであったと捉えることができる。言い換えれば「経済的な意味での国境」を政治的なイニシアチブで消し去り、「北米」という新たな経済圏を形作ろうとしたものであると考えることができるのである。

経済的に形成されつつある「北米」性

それでは、この「ＮＡＦＴＡ」という制度は、どのようなものをもたらしたのであろうか。ここでは三つのことを考える必要がある。第一に、それは何を狙って作られた制度であったのかということである。第二には、それはどのような帰結をもたらしたのかということである。そして最後に、それは果たして米墨間の（あるいはカナダを含めた三ヵ国間の）国境を経済的な意味で本当に消し去ったのかということである。以下、順を追って検討していくことにしよう。

・ＮＡＦＴＡへの期待

まず、一九九〇年にＮＡＦＴＡが構想された際、どのようなことが期待されたのかについて振り返ってみよう。当時の常識にあっては、世界最大の経済大国である米国と発展途上国に分類されるメキシコとの間で自由貿易協定を締結することは、一種の暴挙と考えられていた。それに先立つ一九八六年、ヨーロッパ共同体（ＥＣ、現在の欧州連合＝ＥＵ）にスペイン、ポルトガル、ギリシャの三ヵ国が加盟を果たしたが、そのときにすら、ドイツをはじめとする域内大国との経済格差を考えると、これら南欧諸国の加盟はかなり無理のあるものとの批判もあった。経済統合は、「同じような経済規模、同じような発展段階にある国どうしで行われるものである」と暗黙のうちに考えられていたのである。

それにもかかわらず、米国・メキシコ両国政府がＮＡＦＴＡを積極的に推進したのは、それぞれの思惑が一致してのことである。まず、米国側の期待から見てみよう。それは、日本や欧州の企業と比べて業績が低迷していた米国企業の競争力を強化することであった。一九九〇年と言えば日本はバブル経済の絶頂期であった。少し後の数字であるが、売上高に基づく世界企業番付（Fortune Global 500）一九九五年版では、日本企業が上位二〇社のうち一二社を占めていた。また一九八五年のプラザ合意以降、急速に進んだ円高によって、東アジアにおける生産ネットワークの国際化が急速に進み、日本企業の新たな競争力の源泉となっていた。他方、ヨーロッパに目を転じると、ＥＣはより強固な統合を目指してＥＵへの改組が議論されていた。今となっては杞憂であったが、この改組により欧州は保護主義的性格を強め、ＥＵは経済的な意味での「要塞」となってしまうのではないかとの懸念が示されていた。このような日欧の動向に対抗し、米国企業の競争力を確保するためには、メキシコの低廉な労働力をその生産ネットワークに組み込み、かつ米国企業が生産する製品の市場として確保することが必要と判断されたわけである。

次にメキシコ側の期待を検討しよう。先述の対外債務危機を経て、メキシコは経済開発のための資金を外国銀行からの融資に頼ることができなくなった。それに代わるものとして期待されたのが外国直接投資、すなわち外国企業に生産設備等の投資をメキシコ国内で行ってもらうことである。メキシコで作られた製品を関税なしで米国へ輸出できれば、それは製造業部門の企業にとっては大きな投資インセンティブになる。このように貿易と国際投資の自由化がセットで行われることにより、メキシコは自らの資金を投ずることなく、生産設備を拡充し、雇用創出と外貨獲得を達成できると目論んだわけである。

・ＮＡＦＴＡの帰結

それでは、ＮＡＦＴＡは米墨両国にどのような帰結をもたらしたのであろうか。どのような政策であれ、それには肯定的な面と否定的な面、その両方がある。そして肯定的な面であれ否定的な面であれ、米墨両国内のどのような主体にとって、またどのような意味において肯定的／否定的であるのかを考え合わせなければならない。このことに注意を払いつつ、まず否定的な側面から見ていくことにしよう。

米国企業がその競争力を高めるべくメキシコに生産設備を移動させることは、特に米国内の製造業部門で働く労働者層にとっては「産業の空洞化」、そして「雇用機会の喪失」を意味するように思われた。もちろん、米国内の雇用が減少した理由はそれほど単純な話ではなく、生産設備のメキシコへの移転よりは、生産設備の資本・技術集約化＝オートメーション化の効果の方が大きかったとする調査結果も出されている。しかしながら、すべてのアクターが理性だけで動くわけではない。「メキシコ人に雇用を奪われた」という短絡的かつ感情的な言説の方が得てして人々の心を動かすものであることは想像に難くなかろう。このような人々の心の動きは、二〇一六年にトランプ大統領を生み出す原動力の一つとなった。

他方、メキシコでは、ＮＡＦＴＡにより対米従属が増大してしまうのではないかとの懸念が示されていた。例えば食糧問題がある。メキシコ国民の多くにとっての主食であるトウモロコシは、メキシコよりも米国での方がはるかに低いコストで生産することができる。平坦かつ広大な農地で巨大な農業機械を用い、バイオ技術の粋を結集させた改良品種に適切な量の化学肥料や農薬を施せば、労働力をほとんど投入せずとも高い収量が期待できるからである。一九七〇年代前半からメキシコは米国からトウモロコシを大量に輸入してきたが、ＮＡＦＴＡにより主食の対米依存が固定化されてしまうのではないか、そして主食を外国に依存することにより経済的な意味での主権が失われてしまうのではないかと恐れられたのである。実際に、地勢が山勝ちであり灌漑にも恵まれず、小規模農家が自家消費向けを中心にトウモロコシを栽培してきた中部や南部では、米国から輸入された安価な家畜飼料向けのトウモロコシが主食用にも出回るようになった。トウモロコシの原産地であり、またそれが政治的にも文化的にもシンボルとして機能してきたメキシコにあって、地域レベルでも国家レベルでもトウモロコシの自給ができないことは、感情的な反発も引き起こすことになった。

さて、先に見た「ＮＡＦＴＡに対する期待」は、どの程度の「成果」を挙げることができたのであろうか。まず、米国企業の競争力から見ていこう。先にも引用した企業番付で一九九五年版と二〇一八年版を比較してみると、上位二〇位までを占める米国企業数は六社から九社に、上位一〇〇位まででは二二社から三八社にそれぞれ増えている。もちろん、一九九〇年代以降、盛んになった合併や買収（M&A）で企業が大型化した影響もあるし、NAFTAの効果だけで米国企業の売り上げが増えたわけではないが、米国経済に活力が与えられたことは間違いないであろう。次に米国からメキシコへの輸出額について、先の企業番付と調査年を揃えるために一九九四年と二〇一七年のデータを国連の貿易統計（UN Comtrade）で比べて見てみると、それは五〇八億ドルから二四三三億ドルへと五倍近くに増えている。また米国の輸出総額に占めるメキシコのシェアを比較してみると、これも同じ期間に九・九％から一五・七％へと大きな伸びを示している。

逆にメキシコから米国への輸出はどのような動向を辿ったであろうか。それは、五一二億ドルから三二七四億ドルへと実に六倍もの伸びを示している。メキシコ政府が誘致を目論んだ外国直接投資は、NAFTA発効前の一九八〇～九三年に年平均二五億ドル程度であったものが、近年では年間三〇〇億ドル規模にまで達している。そのおよそ半分が製造業への投資であり、メキシコの輸出に占める工業製品の割合は二〇一六年には八一・九％を記録している。この値は、ラテンアメリカ諸国の中では例外的に高いものである。

　このように数値で見る限り、ＮＡＦＴＡの「成果」は大きかったと言うことができる。しかし、ここで注意しなければならないのは、自由化や規制緩和であれ、ＮＡＦＴＡの締結であれ、これらは本来、「経済発展」であったり、「それぞれの国民の生活水準の向上」であったり、より大きな目標を達成するための手段にすぎないということである。しかしながら、米墨両国の一人当たりＧＤＰの推移を比べてみると、米国のそれが順調に増加を続けているのに対してメキシコのそれは伸び悩んでおり、その比率はＮＡＦＴＡ発効直前の一九九三年に四・六三倍であったものが、二〇一〇年代には五・三倍前後で推移している。もちろん、所得水準だけが生活の質を決めるわけではないし、一人当たりＧＤＰはあくまで平均値であり、分配状況を勘案しなければ、それぞれの国民一人一人の生活水準について云々することはできない。しかし、それを差し引いても、近年のメキシコ経済の状況は、生活水準向上を実現する原資となりうる所得については、十分な「成果」を挙げることができていないと言うことができるであろう。

・ＮＡＦＴＡは米墨間の国境を消し去ったのか

　さて、最後に「ＮＡＦＴＡは米墨間の国境を消し去ったのか」という問いについて考えてみよう。「貿易・投資の自由化」とは、財・サービスと資本が国境を越えて自由に行き来できるようになったことであるが、このことは、それらが米国からメキシコへ、あるいはメキシコから米国へと、あたかも同じ国の中であるかのように動き回ることができるようになったことを意味する。このように書くと、これは米墨両国にとって画期的な、きわめて新しい現象であるようにも見えてしまう。しかしながら、少なくとも質的な観点から見る場合、このことは決して新しい現象ではなく、かつて存在したものの量的な拡大にすぎないと捉えることも可能である。

かつてメキシコと米国との間には「マキラドーラ」と呼ばれる制度があった。これは、より一般的な用語を使うならば「輸出加工区」とか「保税加工区」と呼ばれるもので、メキシコ国内に設置された工場に、米国から無関税で原材料や部品を搬入し、低廉なメキシコ人労働力を用いて加工や組み立てを行い、そのようにしてできあがった製品はすべて無関税――厳密に言えばメキシコ国内での付加価値分には関税がかかったが――で米国に再輸出するという制度である。要は、メキシコ領内にある工場において、「原材料・部品」とできあがった「製品」という「モノ」、そして工場を設置するための「お金」に関しては米国領と同様の扱いをしていたということである。逆に言えば、この工場で働くメキシコ人労働者は、米墨国境を越えることなく米国内で仕事をしているような擬制が整えられていたと見ることもできる。

この制度が創設されたのは一九六五年のことであるが、それには前史がある。第二次世界大戦中、働き盛りの若い男性が続々と戦地へ赴いたことにより、米国内の生産現場では労働力不足が顕著となった。収穫の時期など一度に多くの労働力が必要となる農業部門では、特にその傾向が著しかった。こうした状況に対応すべく、米国政府はメキシコ政府に対し季節農業労働者の派遣を申し入れたのであった。この申し入れに基づいて一九四二年に取り結ばれたのが「ブラセーロ計画」である。第二次世界大戦が終結すると、労働需給の逼迫は解消し、また不法に米国内に滞在するメキシコ人の温床となっているとの批判から、この制度への反対論は常に存在した。しかしながら、朝鮮戦争（一九五〇～五三年）により労働需給が再び逼迫したこと、また低い賃金ときわめて劣悪な労働条件の下でも働くメキシコ人労働者に対する需要が米国農村部で根強く存在したことから、ブラセーロ計画は一九六四年まで生きながらえることになった。同年、農業労働者に対する過酷な扱いを告発する運動が激しさを増したことから、米国議会はこの制度を継続しないことを決議し、メキシコ人が米国内で合法的に就労する道は閉ざされたわけだが、マキラドーラはこのブラセーロ計画に代わる雇用創出策として考案されたのであった。

このようにマキラドーラは、メキシコ人が米国との国境を越えて就労することを防ぐために作られた制度であると言うことができる。そのように考えると、米墨国境を越えるモノの動き（貿易）とお金の動き（国際投資）を自由化したＮＡＦＴＡは、マキラドーラをメキシコ全土に拡張したものであると捉えることができる。マキラドーラもＮＡＦＴＡも、メキシコの豊富かつ低廉な労働力を利用して組み立て加工を行い、製品価格を引き下げることで米国企業が国際競争力を強化できるようにすることを狙ったものと言えるからである。その意味では、米墨間の国境は「消し去られた」と言うことができそうである。しかしながら、ここで注意しなければならない点が一つある。それは、マキラドーラもＮＡＦＴＡも「労働力は国境を越えて移動しない」ことがそもそもの前提として制度が組み立てられているということである。すなわち、ＮＡＦＴＡによって、米墨国境は「モノ」と「お金」については消し去られたように見えるが、「人」については上書き保存されたと言わなければならない。そして、この「人」にとっての米墨国境が近年、特にトランプ政権発足後には更に強固なものにされようとしていることは、既に周知の事実であると言ってよいだろう。

社会的に形成されつつある「北米」性

前節までで、メキシコと米国との間の国境は、非熟練労働者を中心とする「人」についてはNAFTA後に逆に高くなりつつあること、NAFTAが「モノ」と「お金」に関して国境を消し去ろうとしたのは、両国間の「人」の流れを抑制するための手段とも捉えられること、以上二点を指摘することができた。しかしながら、このことは両国間の国境を越える人々の動きがなくなったことを意味するわけではないし、ましてや米国内に居住するメキシコ人やメキシコ系米国人がいなくなったことを意味するものでもない。

ヒスパニック／ラティーノに関する調査研究の分野で定評のあるピュー・リサーチ・センターの推計では、二〇一二年の時点で米国内にはメキシコにルーツを持つ人々が三三七〇万人おり、うちメキシコ生まれの人々が一一四〇万人を占めているとされる。この数値は、米国総人口のそれぞれ一〇・七％、三・六％に相当する。逆にこれをメキシコの側から見てみると、「メキシコ生まれ」の人が自動的にメキシコ国籍を取得できることを考え合わせるならば、そのほぼ一割が米国内に居住していることになる。たしかに二〇〇八年のリーマンショック後は、メキシコから米国への流入ペースは鈍り、逆に帰国するメキシコ人も多くなっていることから、在米メキシコ人の数は純減しているが、依然としてそのプレゼンスは大きいし、米国籍を有する二世以降の「メキシコ系米国人」の数は今後も増え続けるだろう。

この背景には、メキシコの相対的貧困がある。メキシコの、特に南部の農村では、現金収入を得られる機会は決して多くない。人々は、生き残っていくために、また家族を支えていくために村を出て、都市部や国の北部、そして米国へと働きに行かなくてはならない。仮にメキシコ国内で職が得られたとしても、彼らが就くことのできる非熟練労働の分野では、その賃金水準は驚くほど低い。例えば、筆者が調査のために訪れる農業生産の現場では、野菜の収穫や植え付け、収穫した野菜の選別や梱包を行う労働者の賃金は、日給およそ一〇〇〇円程度である。国境の北側に行けば、一時間足らずで稼げる金額である。若者であるならば、米国への憧れや冒険心をくすぐられる部分もあるだろう。村では米国への出稼ぎ者の送金で新築されるコンクリート造りの家が何軒も建てられている。既に米国内で居住している親族や同郷人を頼ることができれば、国境を渡ることとの心理的障壁はかなり低くなる。米国側の国境警備が厳しくなり、強制送還されるメキシコ人も少なくないが、彼らの多くは、次のチャンスを虎視眈々と狙って国境付近の町に留まる。人為的に引かれた国境線の両側で、かくも大きな賃金格差がある以上、人々の動きを有刺鉄線や「壁」で完全に止めることは不可能なのである。

さて、それでは米国側に渡ったメキシコ生まれの人たちは、その後、どのような存在になっていくのであろうか。彼らの多くにとって、米国は「稼ぐ場所」であって、決して心安らぐ生活の場ではありえない。クリスマスやイースター（メキシコでは「セマナ・サンタ」と呼ばれるゴールデンウィークである）、そして出身村の守護聖人の祝日などには、山のようなお土産を抱えて可能な限り里帰りをする。また、ある程度の年齢になったら、故郷で隠居生活を送ることを望んでいる人も多い。米国の多くの都市にあるメキシコ領事館でよくある問い合わせは、もし米国側で命を落とすようなことがあったら、どのようにしてメキシコで埋葬してもらえるのか、だそうである。彼らの仕送りは、年間二八七億ドル（二〇一七年）という額に上り、これは同じ年の原油輸出額（二〇〇億ドル）や海外からの観光収入（二一三億ドル）よりも多い。また、この仕送りは親族に対するものだけでなく、出身村への寄付という形で、道路、学校、教会堂といったインフラ整備にも役立てられている。人々は、移住先では出身村ごとに集住する傾向があるから、米国側にも出身村のコミュニティが存在することも少なくない。言ってみれば「越境するコミュニティ」が国境の両側に形成されているのである。

しかしながら、そう頻繁に帰れない人もいる。不法な手段で米国に入国したり、あるいは資格外に米国に滞在し続けたりしている人は、一度帰国すれば米国に再入国するのが難しくなるので、三年、五年と家族と離れ離れに暮らさざるをえない人も少なくない。こうした「非合法」

移民が存在するのは、それなりの需要があるからである。彼らは、最低賃金以下でも、労働条件が悪くても、文句を言わずに働かなければならない。米国滞在そのものが「非合法」であるために、雇い主の側の不法行為を告発することもできないし、文句を言って密告をされるリスクは最大限に避けなければならないからである。他方、日本でいう３Ｋ（キツい、汚い、危険）業種で働こうという米国人はほぼいない。メキシコ人を中心とするヒスパニック／ラティーノたちは米国の経済・社会には不可欠の存在となっている。

メキシコ人の中には、敢えて「帰らない」人もいるだろう。例えば、米国で家族を持ち、永住権や市民権を取得できた人は、頻繁に故郷に「帰省」はするかもしれないが、「帰国」はしないかもしれない。在米中に子どもが生まれれば、その子は米国人である。メキシコの文化的遺産も色濃く受け継ぐだろうが、彼／彼女は米国社会で生きていく可能性が高い。家ではスペイン語で話すかもしれないが、普通に英語を話し、ラティーノ以外の米国人とも交わり、米国人として生きていくだろう。メキシコ人とも、多数派米国人とも異なる新たなアイデンティティが生まれつつあるのかもしれない。その場合、彼らは「北米」における新たな構成要素ということになるのかもしれないのである。

消える国境・残る国境・変わる国境

ここまで見てきたように、米国とメキシコとの国境、あるいは「北米」とラテンアメリカとの境界は、一九八〇年代以降、特に一九九四年に発効したＮＡＦＴＡを契機に、その姿を大きく変容させたと言うことができる。ＮＡＦＴＡにより、財・サービスや資本に関する国境は消し去られた。しかしながら、それは非熟練労働者という「人」の大部分について国境を上書き保存するための手段として消去された側面も有している。現に「人」についても、ビジネスパーソンなどの出入国手続きを簡素化する条項がＮＡＦＴＡに含まれていることは、その証左と言えるだろう。

この人為的に引き直された国境の南側と北側との間に存在している賃金格差は、国際的なメディアやインターネットの普及により情報や消費志向に関する国境が著しく低くなったことと相俟って、国境を飛び越えよう、潜り抜けよう、あるいは押し戻そうとする人々の動きを誘発している。米国内に居住するメキシコ人・メキシコ系米国人の数は、今後も増え続け、その存在感も同時に増していくことになるだろう。ただ、それは米国で「メキシコ」や「メキシコ人」が存在感を増すということではなく、新たなアイデンティティを持つ人々の集団がその存在感を示し始めるということになるのかもしれない。一つの村のコミュニティが国境の両側に「越境するコミュニティ」として存在することは、「国境」はもとより、村の「境界線」という概念そのものを変容させているのかもしれない。そして、このような変容こそ、「北米」がその性格を変化させていく起動力となっていくのかもしれないのである。

〈参考文献〉

コリン・ウッダード『11の国のアメリカ史――分断と相克の400年』（上・下）肥後本芳男・金井光太朗・野口久美子・田宮晴彦訳、岩波書店、二〇一七年
ケン・エリングウッド『不法越境を試みる人々――米国・メキシコ国境地帯の生と死』仁保真佐子訳、パーソナルケア出版部、二〇〇六年
国本伊代編著『現代メキシコを知るための70章【第２版】』明石書店、二〇一九年
所康弘『米州の貿易・開発と地域統合――新自由主義とポスト新自由主義を巡る相克』法律文化社、二〇一七年
吉田栄人編著『メキシコを知るための60章』明石書店、二〇〇五年

Q ディスカッション・クエスチョン

・本章では、国境あるいは境界線一般が人為的かつ可変的であることを学びましたが、北米地域（もちろんこの地域設定も人為的かつ可変的ですが）では、本章で扱ったもの以外に、人々や地域を分割したり、逆にひとまとめにしたりするような、どのような境界線がありうるでしょうか。これまで学んできたこと、経験してきたことに基づいて事例を持ち寄り、相互に比較してみましょう。

・あなたの身近な社会、例えば「日本社会」や「地域のコミュニティ」のような場では、本章で扱ってきたような境界線がどのように設定されていますか。また、そうした境界線が望ましいものではないように思われるときに、どのような行動でそれを変化させることができると考えますか。問題の所在を明らかにしつつ、建設的に議論してみましょう。

Column

北米大陸の防衛とカナダ

第二次世界大戦後の冷戦期にはアメリカ合衆国とソビエト連邦の間に挟まれる軍事的な緊張地帯に位置していたカナダだが、一八六七年の自治領誕生以前は、現在のカナダに当たる地域には英仏両国軍及び地域の民兵団が組織され、他の欧州諸国や先住民族、アメリカ合衆国軍の侵略に備えていた。現在はアメリカ軍と集団安全保障の体制を構築し、北大西洋条約機構（NATO）にも加盟している。

なかでも北米大陸の共同防衛を目的とした北アメリカ航空宇宙防衛司令部（NORAD）は防空の分野で重要な役割を果たしてきた。地球上の核ミサイル・弾道ミサイルの発射警戒や、戦略爆撃機の動向監視を通して、危険の早期発見を目的として設置された組織である。そのNORADがクリスマスになると、「ノーラッド・トラックス・サンタ」（NORAD Tracks Santa）として、毎年サンタクロースを追跡していることで知られている。

なぜ防衛を目的とするNORADがサンタクロースと関わりがあるのだろうか。それは、一九五五年に大手スーパーのシアーズが子供向けにサンタクロース・ホットラインを開設したときの広告に誤った電話番号を載せてしまった時に遡る。NORADの前身である中央防衛航空軍基地（CONAD）司令長官へのホットラインを誤植してしまったのだ。問い合わせの電話に、ハリー・シャウプ大佐が「レーダーで調べた結果、サンタが北極から南に向かった形跡がある」とユーモアを込めて回答して以来、クリスマスの恒例行事になった。

今ではサンタクロースの移動ルートをインターネット上に公開し、ボランティアが電子メールや電話等の応対をしている。二〇一八年には、議会との軋轢によって一部の政府機関が閉鎖に追い込まれる中、トランプ大統領がこのホットラインの電話に対応した。しかし、電話口の子どもに「まだサンタを信じているのか」と話しかけ

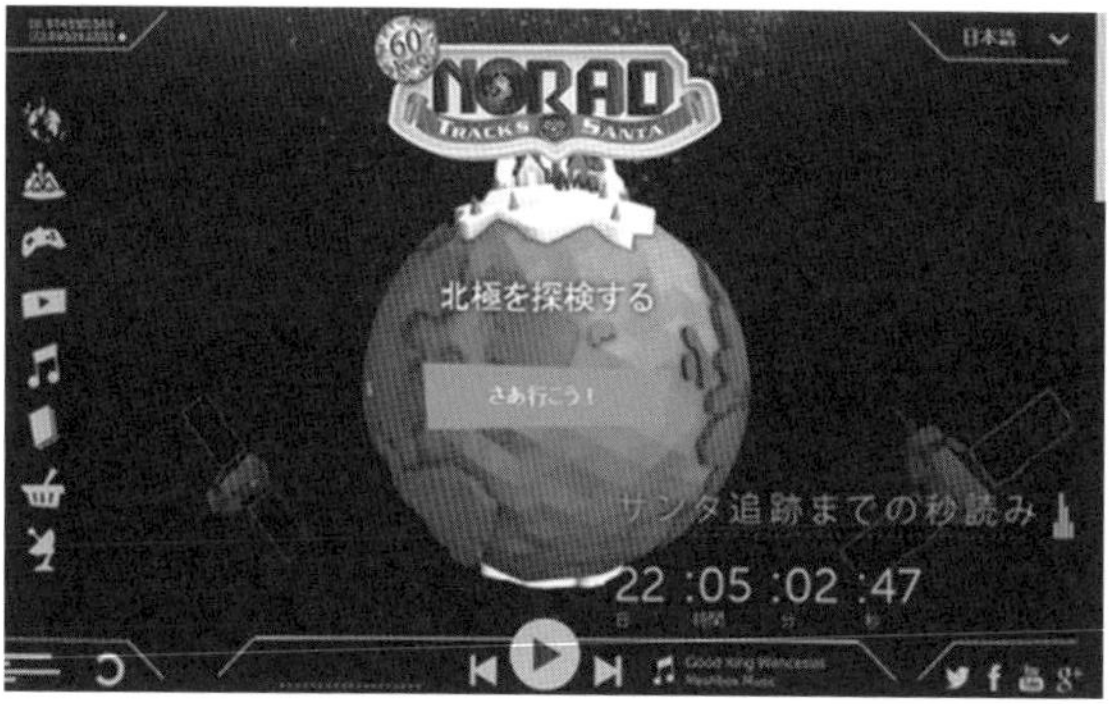

今でも続くノーラッド・トラックス・サンタ

たので、夢を台無しにしたと批判が相次ぐ結果となった。

〈参考文献〉
櫻田大造『NORAD 北米航空宇宙防衛司令部』中央公論新社、二〇一五年

小塩　和人

Q ディスカッション・クエスチョン

・カナダ軍の源流が十九世紀初頭にまで遡る理由を考えてみましょう。
・核戦力を保有していないためにアメリカ合衆国に依存している点で、カナダと日本には軍事上の共通点がありますが、相違点についても考えてみましょう。

第四部　文学・メディア・表象系

第九章

フランスの「ハワイアン」たち
――ヨーロッパ戦線におけるアメリカ日系二世兵の記憶

飯島　真里子

二〇一八年一〇月中旬に訪れたフランス・ロレーヌ地方の町ブルイエル・アン・ヴォージュ（Bruyères-en-Vosges、以下ブルイエル）の朝は深い霧に包まれていた。宿泊先のホテルから一歩出ると、そう遠くないはずの針葉樹の木立が幻想的に浮かびあがり、目の前の建物や道路はその存在を仄めかすに過ぎない。

なぜ、アメリカ史を研究する私が、まもなく冬になろうとしているフランスの片田舎にやって来たのか。その理由は、第二次世界大戦に遡る。一九四四年一〇月一九日、日系アメリカ人兵（以下、日系兵）が、ドイツ軍によって三年以上占拠されていたこの町を解放した。当時も深い霧に包まれたヴォージュの森では、氷雨が降る中で激しい戦闘が繰り広げられていた。多大な犠牲を払いドイツ軍から町を救ったことで、一九四七年から現在に至るまで、ブルイエルでは毎年一〇月三週目の土曜日に日系兵の犠牲を弔う式典が行われている。訪問の目的はその式典への参列であった。短い滞在ではあったが、日系二世の退役軍人が現在も町を訪れていること、地元の人びとが彼らを「ハワイアン」と呼んでいることなどを知った。

本章では、ブルイエルにおいて、なぜ元日系兵が「ハワイアン」と呼ばれ、また戦後三四半世紀経った今でも地元の人々に記憶されているのかについて考察する。その問いを紐解くにあたり、ここでは「交錯する歴史（イストワール・クロワゼ）」という概念を使用する。これは、二〇〇三年にフランスを拠点にドイツ史を研究するミッシェル・ヴェルネール（Michael Werner）とヴェネディクト・ツィムメルマン（Bénédicte Zimmermann）によって提唱された。彼らは「経験的な研究対象は同時に複数のスケールに属しており、単焦点的なアプローチでは接近できない」と主張した。例えば、日系兵を例に挙げてみると、ルーツを日本に持ちながらもアメリカ国籍を保有していた彼らは、戦時中アメリカ軍兵士としてヨーロッパ戦線に赴き、ブルイエルをドイツ軍から解放した。そして、戦後、彼らは地元の人々によってハワイアンと記憶された。彼らの戦時体験とその後を見るだけでもローカル（一重線の部分）、ナショナル（二重線の部分）、トランス・ナショナル（波線の部分）という複数の空間的スケールが絡み合い、成り立っていることがわかる。

ところが、これまで、戦時中の日系兵の戦争体験とその記憶はナショナルな文脈から位置付けられる傾向にあった。トルーマン大統領（Harry S. Truman）が一九四六年、日系兵への感謝を表した際「諸君（日系兵）は敵のみならず偏見とも戦い勝利した」と述べたように、生死をかけて戦った戦争に引けを取らないほど人種差別という国内的問題が日系人に重くのしかかっていたことがわかる。しかし、ヨーロッパ戦線に送られた日系兵の移動に注目した場合、彼らの戦争体験をナショナルの枠組みのみで語ることは妥当であろうか。本論は、アメリカ史の文脈から理解されてきた日系兵の戦争体験と記憶を、折り重なる空間と積み重なる時間に注目しながら再検討する試みである（これに対し、第十章ではイギリス人作家オースティンのアメリカでの需要という逆方向の流れを考察している）。

国民国家の狭間で翻弄される人々と土地

・アメリカと日本の狭間で――日系兵

ハワイの真珠湾攻撃に始まった太平洋戦争は、アメリカ本土とハワイ準州（一九五九年州に昇格、以下ハワイ）に在住していた日系人社会に大きな衝撃を与えた。両地域には、合わせて二七万人ほどの日系人（日本人移民とその子孫の総称）が在住していた。そのうち、三分の二はアメリカ本土やハワイ生まれの日系二世であり、残りは二世の親である日本からの移民（一世）であった。世代によって出生地が異なるとはいえ、日系人にとって日本が特別な存在であったことは言うまでもない。しかし、日本軍は当時海外で最も多くの日系人が居住していたハワイを攻撃し、両国に繋がりを持つ日系人を窮地に立たせたのである。

真珠湾攻撃から三ヵ月後の一九四二年二月、アメリカ本土ではルーズベルト大統領（Franklin Delano Roosevelt）が行政命令九〇六六号に署名し、太平洋沿岸の特定地域に住む人々を移動させる権利を陸軍に与えた。これにより、該当地域に住む約一二万人の日系人は馬小屋などを使った仮収容所で半年ほど過ごした後、内陸部に急ピッチで建てられた収容所に移送された。新たな住み家となった収容所の多くは、寒暖の差が激しく、木が一本も生えないような不毛の地に建てられ、収容者は環境的にも精神的にも厳しい生活を強いられた。ここでの問題は、当時のアメリカで国籍取得を申請できない「帰化不能外国人」として扱われた日本人移民だけではなく、アメリカ市民であった日系二世も「敵性市民」として強制的に移動・収容されたことである。

ただ、開戦直前の日系人の数が全人口の四割近くを占めていたハワイでは、強制収容は一部の日系人に対して行われるに留まった。これは、ハワイ軍事政府長官エモンズ（Delos Carleton

Emmons）が、連邦政府からの再三にわたる収容要請に対して、日系人はハワイ社会において模範的アメリカ人であることを一要因として挙げ、本土で行われていたような無差別な収容に対して強く反対したためである。その結果、日系人社会のリーダー的存在であった約三千人（日系人会幹部、僧侶、日本語学校教員など）がハワイ内、若しくはアメリカ本土内の収容所に送られたに過ぎなかった。アメリカ本土とハワイ準州の収容の違いは、後に日系兵志願者数にも影響を与えた。

とはいえ、ハワイの日系人が人種的背景に基づいた不当な扱いから免れたわけではない。開戦直後には、ハワイ州兵として戦前に訓練を受けていたハワイ大学の学生のうち日系人のみが解任された。しかし、この措置に対して二世学生はエモンズに強く抗議した。結局、その声が受け入れられ、日系二世のみによる準軍事組織「大学勝利奉仕団（Varsity Victory Volunteers）」が結成された。奉仕団はハワイ内の軍事基地の道路工事、鉄条網の修復、土壕掘りなどの作業を積極的に行い、アメリカに対する忠誠を軍への奉仕という形で示そうとした。その真摯な行為が認められたこと、また同時期に日本海軍がミッドウェイに接近しているとの情報を受け、一九四二年六月五日、一四三二名の日系二世がアメリカ本土での訓練のためハワイを出航した。この時、「第一〇〇歩兵大隊（分離）」が誕生する。ここでの「分離」とは、日系兵のみによる編成であるため、通常の陸軍部隊とは異なる扱いを受けることを示していた（しかし、同年九月には分離という呼称は外された）。彼らは、ウィスコンシン州マッコイ基地とミシシッピー州シェルビー基地で約一六ヵ月にわたる訓練を受けた後、一九四三年九月にはアフリカを経由してヨーロッパに向かい、イタリアで数々の戦闘に加わった。ドイツ軍を相手に最も激しい戦闘の一つとなったモンテ・カッシーノの戦いでは多くの死傷者を出したにもかかわらず、戦線から逃亡した者が皆無で、負傷後も再び戦線に戻る兵士が多かった。よって、第一〇〇大隊は最も優秀な部隊としてアメリカ軍内で注目を浴びることとなった。

一方、アメリカ本土の収容所内では、日系二世の志願兵を募集する準備が進められていた。一九四三年一月、陸軍省は兵力不足に加え、収容は日系人に対する人種差別であるとする国内社会からの批判をかわすために、アメリカ本土から三千人、ハワイから一五〇〇人の日系人志願兵を募集することを決定した。しかし、本土の収容所に入れられていた日系二世は、志願前に忠誠テストを受けることが義務付けられた。忠誠テストとは男女を問わず一八歳以上の全ての日系人に課せられたもので、天皇に関する質問なども含まれていたことから、家族内のみならず収容所内でも大きな混乱を引き起こした。結局、収容所内からの志願者数は一二〇〇人ほどに留まり、ハワイでは一万人近くの応募者が出た。収容経験、忠誠テストの有無が、ハワイと本土の志願兵数の違いに如実に表れたと言えよう。彼らは第四四二連隊戦闘団（以下四四二部隊）として結成され、第一〇〇大隊とイタリアにて合流し、共に数々の戦線に投入されながら、ブルイエルへと向かうこととなる。フランス戦線で戦った日系二世部隊はアメリカ本土とハワイ出身者による混合部隊であった。

・ドイツとフランスの狭間で――アルザス・ロレーヌ地方

日系兵が参戦したブルイエルの戦いについてみる前に、第二次世界大戦中に同市が置かれた状況について、フランス・ドイツ関係史の観点から検討したい。ブルイエルは人口三千人強、現在のドイツとの国境沿いに位置するロレーヌ地方の町である。

ロレーヌ地方の南側には、同じくドイツ国境に隣接したアルザス地方があり、古くから両地域は鉄鉱石、石炭などの地下資源の産出地として、フランスとドイツの係争地となっていた（アルザス・ロレーヌ問題）。近年では、普仏戦争（一八七〇～七一年）でのプロイセン側の勝利により、フランス領であったアルザス地方全土とロレーヌ地方の一部がドイツ帝国（一八七一年、プロイセンはドイツ帝国に編入）に割譲された。この国境線の引き直しにより、一〇六四の市町村、約一六〇万の人々がドイツ帝国内の領土に住むこととなった。フランス人作家アルフォン

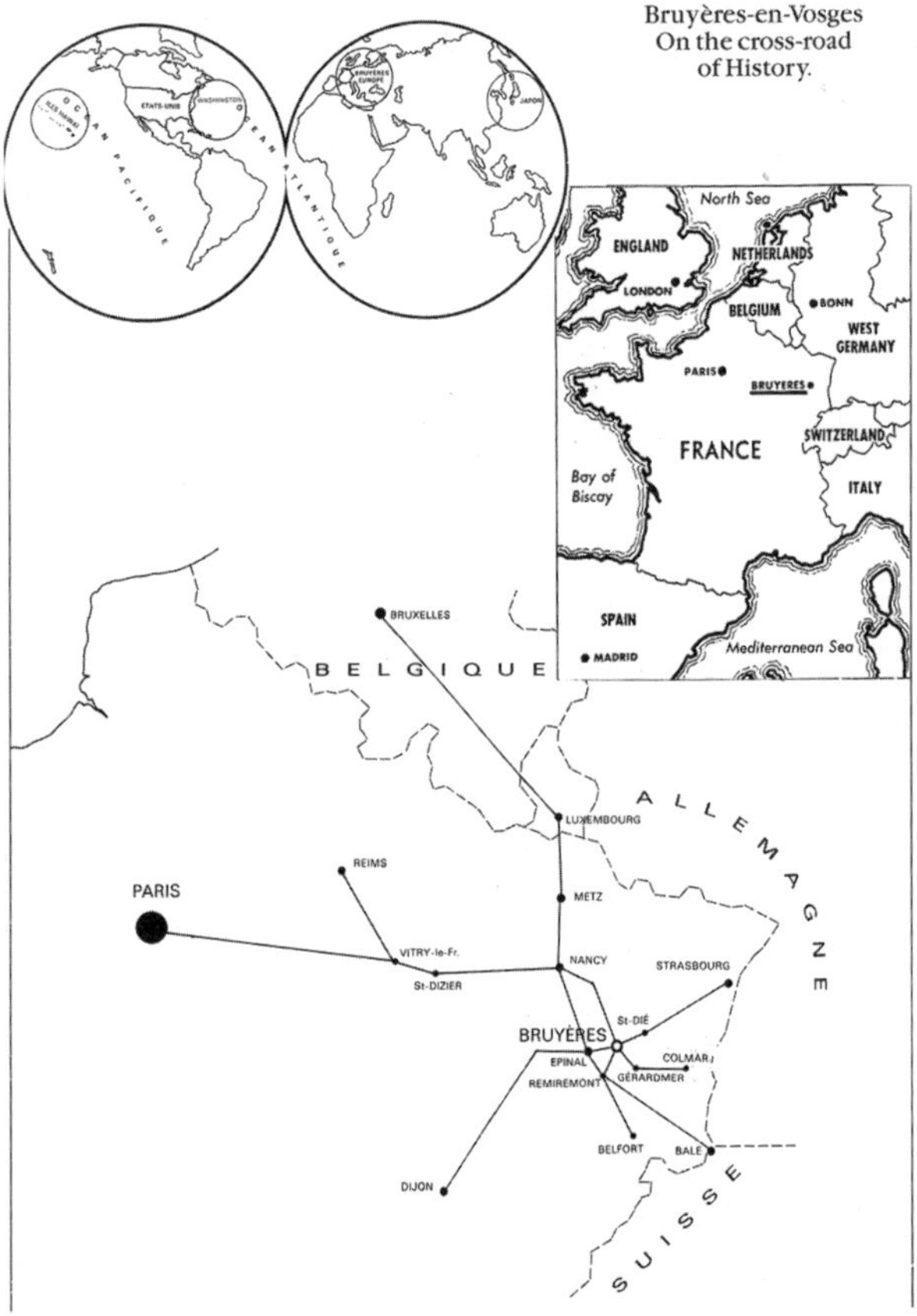

地図

（出典：Moulin, Pierre. *U.S. Samuraïs in Bruyères: People of France and Japanese Americans.* Bibliothèque Nationale of Luxengourg, 1988.）

ス・ドーデ（Alphonse Daudet）による『月曜物語』の冒頭の一編「最後の授業（La Dernière Classe）」は日本でも有名であるが、当時割譲地に住んでいた人々の心境を学校という空間から描き出している。物語では、フランス語教師アメルが、翌日からドイツ語を話さなければいけないことを生徒たちに伝えた後、「フランス万歳」と黒板に書き、授業を締めくくる。幼い子どもたちにも「祖国喪失」の現実が衝撃的に印象付けられると共に、先生と生徒の関係がフランス国家と切り離されることになった割譲地の人々の実質的・心理的な関係を反映している。ただ、アルザス地方ではドイツ語の影響を受けた「アルザス」語が話されている状況に鑑みれば、この物語がドイツへの復讐心を煽るイデオロギー的作品だったことも否定できない。このような関係性は、フィクションの世界だけではなくアルザス・ロレーヌ地方出身の代議士たちによる「ボルドー宣言」においても見られる。

今、共通の家族から引き離されたあなたがたの兄弟、アルザス・ロレーヌは、その炉辺から消え去ったフランスが再び戻ってくるその時まで、フランスに対してその子どもとしての愛情を持ち続けるだろう。

第一次世界大戦（一九一四〜一八年）が勃発すると、アルザス・ロレーヌ地方の属性が再び揺らぎ始める。今回はフランスが優勢であった。アルザス出身の画家ジャン＝ジャック・ヴォルツ（Jean-Jacques Waltz, フランスではアンシ Hensi の名で親しまれる）はフランス軍と行動を共にし、村が次々とドイツ軍から奪還されるたびに「解放（Libération）」と呼び、喜びに浸る村人やフランス軍兵士の様子をスケッチしていった。普仏戦争から約半世紀後に、アルザス・ロレーヌはやっと「母」の許に戻ることができたのである。

実際のところ、ブルイエルは普仏戦争、第一次世界大戦を通じて、一度もドイツ領に編入されることはなかった。しかし、フランスとドイツの国境争いを間近で見ており、常にそれに巻き込まれる危機に晒された町であった。ブルイエルは鉄道の要所地であるサン・ディエやエピナルを結んだ一直線上に位置し、普仏戦争勃発時から重要な移動拠点であった。第一次世界大戦中には、ドイツ・イギリス・アメリカ軍が町を通過し、住民たちは兵士の姿を身近で見ていた。また、ヴォージュの森と四つの小高い丘に囲まれたこの町は、敵の防衛には格好の場所に位置していたため、軍事的要衝でもあった。

第二次世界大戦では、ブルイエルもドイツ軍の手から逃れることができず、一九四一年六月下旬に占領された。占領中には、住民五七名がドイツでの強制労働のために連行され、ユダヤ系住民三〇名が強制収容所へと送られた。収容者のうち生きて帰ってこられたのは三名に過ぎなかった。燃料や食料は配給制となり、町に残った人々も十分な生活必需品を得ることができない状態に陥った。日系兵がやってきたのは、そうしたドイツ軍による占領が三年以上過ぎた頃であった。

太平洋戦争により敵国同士となった日本とアメリカに繋がりを持つ日系人。そして、ドイツとフランスの歴史的係争地アルザス・ロレーヌ地方の町ブルイエルに住む人々。日系兵のヨーロッパ戦線への参戦は、国民国家の幾度にもわたる衝突に晒され、生きてきた人々同士のトランス・ナショナルな出会いでもあった。

・ブルイエルの戦い──「解放者」としての日系兵

第一〇〇大隊が加わった四四二部隊がヴォージュの森にやって来た一九四四年一〇月は、既にフランス軍がパリを奪還して新政権を樹立していた頃であった。その頃、フランス軍とともに戦っていたアメリカ軍は、抵抗を続けるドイツ軍をフランスやイタリアから一掃している最中であった。また、ブルイエルの人々もドイツ軍に対してレジスタンスを結成するなどして必死の抵抗を続けていた。

そして、一〇月一四日、四四二部隊がブルイエルの戦線に投入された。既に司令部からは「ヴォージュ山脈の森は数えきれないほど多数の小道が走り、極めて錯雑なり」、そして「あらゆる部分に敵が隠れていると予測すべし」という警告を受けていた。アメリカ軍第三六師団が既に一ヵ月前に入っていたが、ドイツ軍の執拗な攻撃と困難な地形での戦闘により、苦戦を強いられていた。戦闘を更に悲惨にしたのは、身を切るような寒さの中での降雨と深い霧、そして森の中で放たれた砲弾によって木っ端みじんにされた木片が容赦なく頭上から降り注いだことであった。このような状況下、四四二部隊は六日間にもわたる戦いの末、ブルイエルをドイツ軍から解放した。アメリカ軍の記録によると、解放に至るまでの一ヵ月間でブルイエル方面にアメリカ軍・ドイツ軍からの砲弾が合わせて三万五千発ほど撃ち込まれ、森と町に多大な被害を与えた。そのうち市内には一万五千発が落とされ、全人口の一割以上の地元住民が死傷した（二一名が死亡、五〇〇名余りが負傷）。

戦闘による疲弊と解放の喜びが入り混じったブルイエルでは、アメリカ兵を見るため、地下室から隠れていた人々がちらほら町に姿を見せはじめた。一九六九年九月一四日のハワイの地元紙には、その時の日系兵の思い出が紹介されている。当時一七歳だった地元の青年は、日系兵を見たとき、その小柄な体格とアジア系の風貌から、ユニフォームを見るまでアメリカ兵だとは認識できなかった、と述懐している。期待を裏切るような彼らの容姿は、この町ではアメリカ本土のようにネガティブに捉えられることはなかった。また、同紙には日系兵がポケットに入っているお菓子や食べ物を全てくれたこと、食事の際にはブルイエルの人々を先に食べさせてくれたことなど感謝に満ちた思い出が多く載せられており、日系兵の寛大さと優しさがブルイエルの人々に記憶されていたことがわかる。

日系兵たちも地元の人々との交流を楽しんでいたようである。例えば、アイダホのミニドカ収容所から志願したマスダ・ミノルは妻に宛てた手紙で、言葉の壁はあるが、滞在先の農家では大家族のように一緒に楽しく時間を過ごしていると知らせている。また、同じ手紙の中で、ハワイ生まれの日系兵からウクレレを習っていることにも触れている。激しい戦闘の合間に奏でるハワイの音楽は、現実を忘れさせ、緊張感を和らげるひと時となっていた。ブルイエルの農家に響いた音色も、アメリカ兵がハワイ出身であることを地元の人々の記憶に刻み込んだのかもしれない。

しかし、ブルイエルの戦いの終結から二日後、町からそう遠くないビフォンテンにおいてドイツ軍に包囲された通称「失われたテキサス大隊（第三六師団所属一四一歩兵大隊）」の救出を命じられる。戦闘は一週間ほど続き、ドイツ軍に包囲され身動きがとれなくなっていた二一一名のテキサス兵全員を救出した。この救出作戦においては、四四二部隊は救出者を遥かに上回る約八〇〇名の死傷者を出した。ただ、救出の甲斐もなく、テキサス部隊はその後の戦闘でほぼ壊滅状態となる。結局、ヴォージュの森に入った時には、二九四三名いた四四二部隊は、ブルイエル、その後のビフォンテンの戦いで戦死者一六一名、行方不明者四三名、負傷者約二千名の犠牲を払うこととなった。

多くの死傷者を出した戦いの中、生き残った地元住民と日系兵はつかの間ではあるが、友好関係を築いていった。そこには、アメリカで日系人が直面した人種の壁はなく、日系兵は第一次世界戦時にドイツ軍からアルザス・ロレーヌ地方を取り戻したフランス軍と同様に「解放者（Libèrateurs）」として受け入れられた。

人から都市へ――ハワイ―ブルイエルの姉妹都市協定・ブルイエルでの再会

終戦から一六年後。元四四二部隊兵のウィルバート・ホルク（Wilbert S. Holck）がブルイエルを訪れた。ホノルル生まれの日系二世のホルク（彼は敢えて白人の母親の姓を選んだ）は一九四三年五月に一八歳の若さで入隊した。イタリア、フランスでの激戦を生き抜いた彼は、終戦後もアメリカ軍に従軍した。朝鮮戦争では軍曹として現地に赴き、一九六〇年には軍の任務でドイツに赴任した。このドイツ赴任中、彼は戦後初めてブルイエルを訪れた。「私たちを助けてくれた（ブルイエルの）人々が、ハワイからやって来た兵士のことを覚えてくれているかどうか知りたい」と思ったからだ。

さて、町の人々の反応は彼の予想を上回るものであった。当時の市長はホルクの再訪を大歓迎し、カフェに行けば地元の人々は次々と日系兵士の名前を挙げて、彼らの近況を尋ねた。また、ホルク自身、戦時中に彼と彼の小隊を住まわせてくれたロシア生まれの男性との再会を果たした。「彼はすぐに私だとわかってくれて、それから、お互いたくさんの涙を流しながら、抱き合って、大きな声で話したよ。私たちが戦っていた時には一一歳だった彼の息子も私のことを覚えてくれていたんだ」と、ハワイの地元紙にその感動的な再会について語った。

地元の人々はほとんど英語を話すことができなかったが、英語が堪能なゲラルド・デシャス（Gerard Deschaseau）という人物がいた。彼は第一次大戦後にアメリカ兵との交流を通じて英語を学んでおり、ホルクとすぐに打ち解けた。意気投合した二人は、お互いの生まれ故郷の友好関係維持のため、姉妹都市協定締結に向けて其々の市長に働きかけることにした。

では、なぜ「姉妹都市」というアイディアが出てきたのだろうか。ここで、戦後欧米で普及した姉妹都市プロジェクトの背景から、ホノルル―ブルイエル関係構築のプロセスについて考察してみたい。一九五〇年代のヨーロッパでは二つの大戦により国境に隣接する国々が傷つけ合った経験から、敵対関係の解消と和解を実現し、将来的な犠牲を防ぐことに力を注いだ。その一環としてドイツとフランスの地方都市が姉妹協定を締結したのをきっかけに、活動はヨーロッパの他の地域にも広がっていった。

そして、アメリカでも一九五六年、アイゼンハワー政権による草の根外交政策の一つとして、姉妹都市協定プロジェクトが推進された。草の根外交とは、連邦政府などの国家レベルで機能する公的機関ではなく、地方自治体や民間が主体となって国家間の良好な関係を築き上げていく活動である。その背景には冷戦期の共産主義に対抗して、ヨーロッパ内に親米圏を広げていく意図もあった。同年九月一一日、ホワイトハウスにて行われた演説で、大統領は姉妹都市構想の意義に対して、以下のように述べた。

> 共通の目的のもとに私たちを団結させてくれる二つの秘められた信念があります。その一つは、自由の砦として地方自治体が機能し、舵を取ってくれるという信念。もう一つは、人と人、都市と都市との繋がりが、世界平和構築の一助を担ってくれるであろうという信

念です。

アメリカの姉妹都市プロジェクトでは、都市を結びつける要素は様々であった。例えば、ホノルルと日本の地方自治体との姉妹都市協定の例を見てみよう。ホノルル市は、一九五九年、最初の姉妹都市として広島市に協定を申し入れた。太平洋戦争中、日本軍による真珠湾攻撃を受けたホノルル、アメリカ軍に原爆を落とされた広島は敵国同士であった。戦争時の敵対関係を解消すると同時に、協定に至ったもう一つの理由には、ホノルルには広島県出身者とその子孫が多く在住しており「親近感が強いこと」があった。また、最近では、二〇一三年に、ハワイ製のサーフボードを市内の旅館（茅ヶ崎館）に所有する茅ヶ崎市が、ホノルルと姉妹都市協定を結んだ。一九三五年頃に日本に輸入されたこのサーフボードは、日本最古のものと言われている。協定書には、「どちら（の都市）も美しい自然に恵まれ、人々はサーフィンやフラ、アロハシャツを楽しみ、『アロハスピリット』を育んでいる」ことが理由として挙げられており、自然風土や生活文化が協定締結の要因となっていることがわかる。このように姉妹協定のきっかけは理念的、歴史的なものから人々の生活にいたるものまで様々である。ホノルル―ブルイエルの姉妹都市協定に関しては、ホルクとデシャスの出会いがきっかけとなっている事実に着目するならば、草の根外交の理想的なプロセスを経て実現したと言えよう。

ただ、ホノルル―ブルイエルの姉妹都市協定を可能にしたのは、ホルクの再訪だけではなかった。実は、一九四七年にその素地が作られていたのである。同年一〇月一八日、ブルイエルはドイツ軍からの解放記念日を祝っている最中であった。その日に合わせて、市長ルイス・ギロン（Luis Gillon）宛に日系アメリカ人市民同盟（Japanese American Citizens League, 以下JACL）の名義でカリフォルニア出身のウィルソン・ハルオ・マカベ（Wilson Haruo Makabe）から、ある銘板が送られてきた。そこには、このような内容が英語とフランス語で書かれていた。

> この日を米軍第四四二戦闘連隊の兵士たちに捧げる――国への忠誠とは人種のいかんにかかわりのないことを改めて教えてくれた彼らに
> 祖国を日本とするこれらのアメリカ兵は一九四四年一〇月三〇日にブルイエル周辺の戦いにおいて、ドイツ軍の防衛を打ち破り、四日間敵軍に包囲されていた一四一歩兵大隊を救出した
>
> 日系アメリカ人市民同盟

銘板を受け取ったブルイエル市長と副市長は、これをどこに飾るか、早速考え始めた。慣例に従い、市庁舎の正面に飾るべきなのか。それとも他にもっと適した場所があるだろうか。検討の末、ブルイエルの中心部から車で十分ほどのエルドレ（Helledraye）の森の中に、その銘板を飾る石碑を建立することにした。戦争の傷跡を残した戦車が一つ残っていたその森は、石碑の設置場所として最適だと考えられた。一〇月三〇日、除

1947年に作られた石碑が真ん中に見える。土台となっているのはフランス産御影石。（2018年10月21日筆者撮影）

幕式の当日には、フランス軍関係者、市長を始めとした市職員、また子どもを含めた市民ら約一五〇〇人が、市内からエルドレの森まで行進した。市庁舎ではなく、戦場跡地に銘板を石碑として残したことは、戦死した日系兵の慰霊だけではなく、「祖国を日本とする」アメリカ兵の功績を、ブルイエルの戦争体験の一部として記憶することに貢献したと言える。つまり、ホルクが町を再訪する前から、ブルイエル解放を祝う式典において、日系兵の記憶が毎年想起されていたのである。

一九六一年一〇月一三日、デシャスとホルクの働きかけは実を結び、姉妹都市協定の調印式が行われた。ハワイからはホノルル市長ブライスデル（Blaisdell）、現役・退役日系兵とその家族二〇〇名がブルイエルを訪れた。式典では、シチュー好きなことから「Stu」と呼ばれていたシゲル・ツボタ中佐（元第一〇〇大隊兵、Shigeru Tsubota）が現地で亡くなった戦友を弔うと共に、千人ほど集まったブルイエル市民を前に「雨でぬかるんだ道を出迎えてくれたブルイエル（の人々）を決して忘れないでしょう」と語りかけた。また、ブライスデル市長は、アイゼンハワーの姉妹都市の理念について言及し、その基層である草の根外交が実を結んだことを語った。その後、町の小学校の校庭で、ルアウ（ハワイ風パーティ）が開催された。そこでは、二〇〇ポンドの豚料理がふるまわれ、ハワイの伝統舞踊フラも披露され、フランスの田舎町はその日ハワイ一色に染まった。

・アメリカにおけるナショナルな記憶の営みとの比較から

ブルイエルでは戦後二年にして日系兵の石碑が設置され、冷戦期には姉妹都市協定の締結までに発展したが、アメリカ本国において彼らの功績を碑の建設によって記憶するプロセスは決してスムーズではなかった。ただ、ヒラリバー、ハートマウンテン、ミニドカ収容所などでは、それぞれの収容所から志願した日系兵の名前を刻んだ碑が作られた。また、いくつかの墓地（シアトル・レイクビュー、ロサンゼルス・エバーグリーン、デンバー・フェアモントやハワイ・パンチボール）にも、日系兵を特別に弔う慰霊碑が建設された。パンチボールには、戦死した日系二世を祀る五つの慰霊碑があり、そのうち二つはブルイエルとビフォンテンの人々から寄贈されたものであった。このように収容所内や戦死者を祀る墓地という限定的な空間において碑の建立が始められた。また、日系コミュニティによる碑の建設は、一九九九年、ロサンゼルスのリトル・トウキョウに設置された「ゴー・フォー・ブローク の碑（The Go For Broke Monument）」が最も古い。しかし、この碑の建立を巡っては誰を碑に刻むかで大きな論争が起き、結局、第二次世界大戦に参戦した日系兵とその他の戦争で戦死した日系兵の名前が刻まれることとなった。

国家レベルの慰霊碑の建設には更に時間がかかった。それは、アメリカ合衆国議会議事堂近くにある「第二次世界大戦における日系アメリカ人国立愛国記念碑（National Japanese American Memorial to Patriotism During WWII, 以下愛国記念碑）を巡ってである。その建設の背景には、一九八七年に国立アメリカ歴史博物館で行われた展示会「A More Perfect Union: The Japanese Americans and the US Constitution」の開催があった。アメリカ合衆国憲法の観点から日系人収容の不当性を主張したこの展示会により、日系二世の退役軍人団体 The Go For Broke Veterans Association は、日系政治家ダニエル・イノウエ（Daniel Inoue）やノーマン・ミネタ（Norman Mineta）に働きかけ、ワシントン特別自治区に記念碑を建設する計画を進めた。しかし、政府は特定のエスニック・グループの戦没者に対する碑の建設に難色を示し、戦時中の日系人の「愛国心」に敬意を払う目的であればと良いという妥協案を提供した。

問題はそれだけに留まらなかった。まず、碑に刻む予定であった「日系アメリカ人の信条（Japanese American Creed）」の引用に関する問題が浮上した。「私は日本に先祖を持つアメリカ市民であることを誇りに思います」から始まるこの信条は、一九四一年にマイク・マサオカ（Mike Masaoka）がＪＡＣＬを代表して書いたものであった。ところが、この一部の引用を巡って、退役軍人を含めた日系コミュニティ内から反対意見が上がった。反対派は、アメリカへの忠誠を表明した信条は、日系人が戦時中にアメリカに対して抱いた憤りや抵抗を否定し、戦争体験の多様性を無視するものであり、記念碑の銘文にはふさわしくないと非難した。結局、反対派の意見は通らず、原案通り信条の一部が刻まれることになった。このように、記念碑の建設計画は、日系コミュニティ内に議論を巻き起こした。

更に、日系コミュニティ外からも異議が唱えられた。例えば、保守派の政治系雑誌 *National Review* は、アイゼンハワーやニクソンの自伝を執筆した歴史学者アンブローズ（Stephen E. Ambrose）による記事「A Terrible Idea: Memorial to the Japanese Americans」（一九九九年一一月号）を掲載し、日系アメリカ人の犠牲だけに特化した碑の建設・設置に対して反対の姿勢を示した。アンブローズは、政府による人種差別の犠牲者はアフリカ系アメリカ人、ラテン系アメリカ人、ネイティブ・アメリカンにも及んでおり、「このように犠牲者（＝日系アメリカ人）を称えたり、（収容に対して）アメリカが反省を表明したり、許しを乞うような内容の国家的記念碑をワシントンＤＣ」に建てるような提案はすべきではないと強く主張した。彼はこのような企画が、人々をエスニシティによって分断し、国民としての連帯を失わせることを危惧したのである。

日系兵の犠牲を含めた日系人の戦争体験の可視化（＝碑の建設）の作業は、時が経ち規模が大きくなるにつれ、日系コミュニティ内やアメリカ社会でのコンセンサスを得ることが困難となった。一方で、ブルイエルの場合は、日系人の戦争経験と記憶に関する議論が成熟しない一九四七年に建設されたこと、アメリカ社会が内包する複雑な人種関係の枠組みに囚われなかったこと、フランスでの建設によって日系コミュニティの直接的関与がなかったことなどから、スムーズな建設が進められたと言える。更には、石碑建設後も、民間レベルでの再会と交流、ホノルルとの姉妹都市協定によって、ブルイエルにおいて日系兵の記憶は存続してきた。

まとめ

ブルイエルを舞台とした日系兵の記憶は、複数の空間的スケールの交錯と時間の経過との中で構築されてきた。第二次世界大戦中の日系兵とブルイエルの人々の状況は、まさに国民国家の狭間で翻弄されてきた。悲惨な状況下での出会いであったが、肌の色や容姿において典型的なアメリカ兵ではなかった日系兵は、地元の人々に「解放者」として好意的に受け入れられた。言い換えれば、アメリカとは異なり、人種的背景がブルイエルでは決してネガティブに作用することはなかった。また、一九六〇年にハワイ出身の日系兵ホルクの再訪から始まった個人レベルでの交流は、当時平和構築・冷戦対策を目的として欧米諸国で広まっていた草の根運動である姉妹都市協定プロジェクトを背景に、ホノルル―ブルイエルというトランス・ローカルな友好関係構築へと発展した。

アメリカ社会や研究者たちの多く（筆者を含めて）は、日系兵をアメリカ日系兵、日系二世兵士などと呼ぶ。しかし、ブルイエルの人々は親しみを込めて彼らをハワイアンと呼ぶ。それは、人種・エスニシティ・国籍・ステイタス（兵士）に縛られることのない呼称である。ここに国民国家に回収されず、人と人・ローカルとローカルの結び付きを基盤としたブルイエルと日系兵の関係性が見て取れる。もちろん、ブルイエルでの日系兵の記憶のされ方には、偏りがあることは否めない。例えば、ブルイエルの戦いに関わった「失われたテキサス部隊」、ハワイ出身ではないアメリカ本土からの日系兵の存在が、姉妹都市協定という形での関係構築によって後景化されてしまった。つまり、交錯の輪から外れてしまった人々、地域、事象がまだ存在する。ブルイエル版の日系兵の物語は数ある語られ方の一つであり、これからも多様かつ多層に交錯する時空間を見つけることで、新たな日系兵の物語が描けるかもしれない。

謝辞

私を温かく受け入れて下さったブルイエル市の方々、特にYves Bonjean市長、Christian Deville夫妻、Claire Baricさんに感謝いたします。本研究は国際共同研究強化16KK0036の助成を受けたものです。

〈参考文献〉

小田中直樹編訳『歴史学の最前線――〈批判的転回〉後のアナール学派とフランス歴史学』法政大学出版局、二〇一七年

ドウス昌代『ブリエアの解放者たち』文藝春秋、一九八三年

中本真生子『アルザスと国民国家』晃洋書房、二〇〇八年

柳田由紀子『二世兵士　激戦の記録――日系アメリカ人の第二次大戦』新潮社、二〇一二年

Grubb, Abbie Salyers. "Japanese American World War II Military Service Momorials." *Densho Encyclopedia.* https://encyclopedia.densho.org/National%20Japanese%20American%20Memorial%20to%20Patriotism%20During%20World%20War%20II/（最終アクセス日　二〇一九年三月二四日）

Hazen, Charles Downer. *Alsace-Lorrain under German Rule.* Henry Holt and Company, 1917.

Masuda, Minoru. *Letters from the 442nd: The World War II Correspondence of a Japanese American Medic*. Edited by Hana Masuda and Dianne Bridgman, U of Washington P, 2008.
Moulin, Pierre. *U.S. Samuraïs in Bruyères: People of France and Japanese Americans*. Bibliothèque Nationale of Luxengourg, 1993.
Odo, Franklin S. *No Sword to Bury: Japanese Americans in Hawai'i during WWII*. Temple UP, 2003.

Q ディスカッション・クエスチョン

・本章で取り扱ったような国家的な語りとローカルな語りに齟齬が見られるような事例をアメリカの歴史的事象から探し、どのような点が共通しているのか、又は異なるのか、なぜ語りの食い違いが生まれるのか検討してみましょう。

・サンフランシスコ市に設置された従軍慰安婦像をめぐって、二〇一八年一〇月、大阪市長は一九五七年に始まった姉妹都市協定を取り消す書簡を先方に送ったと表明しました。あなたが大阪市長だとして、大阪市にとって従軍慰安婦像設置がどのような点で問題なのかを検討し、その解決方法を提案してみましょう。

第十章

アメリカにおけるオースティン受容
――ウォートンの『歓楽の家』を翻案小説として読む

小川　公代

これまでの研究において、十九世紀初頭のイギリス人作家ジェイン・オースティン（一七七五～一八一七年）と二十世紀初頭のアメリカ人作家イーディス・ウォートン（一八六二～一九三七年）が結びつけられることはほとんどなかった。

かなり珍しい例として、ジェニー・ハンが書いた「『高慢と偏見』を逆用する――ウォートンによる風俗小説のアメリカにおける可能性」という研究論文はある。勿論、大西洋を隔てており、更に百年もの時間経過があるため、直観的にその連関性を受け入れることができないのは容易に想像できる。しかし、ウォートンは「小説を書く」というエッセイで、オースティンを高く評価している。更には、ウォルター・スコット、チャールズ・ディキンズ、シャーロット・ブロンテなど他のイギリス十九世紀作家とも比較しており、ウォートンのオースティンへの深い関心は注目すべきである。

ウォートンは十九世紀末のニューヨーク、旧社会の上流階級が体現する価値の崩壊を描いた。他方、オースティンは英国の摂政時代の地主階級を中心とした物語を書いている。ウォートンとオースティンを比較しようとする試みがほとんどなされてこなかった理由のひとつに、アメリカで初めてオースティン・ブームが起こったのが一九九〇年代だと広く信じられてきた事実がある。例えば、アメリカのオースティン受容を研究する批評家たちによれば、二十世紀以降のオースティンの根強い人気がアダプテーション映画からアメリカの現代的な生活圏の「ありとあらゆるところに」まで見出される。

ところが意外と知られていないのが、十九世紀アメリカにおけるオースティンへの関心の高まりである。オースティン・ブームが二十世紀以降に際立っているのはもちろん否定できないが、実はこれを十九世紀後半に生じたブームの再来と考えることもできる。アメリカではオースティン作品が早い時期から流通していたという事実を知らなければ、ウォートンがオースティンに影響を受けていたことすら思いつかないだろう。

そういう事情を踏まえて、まずはアメリカにおけるオースティン小説の原点を確認しておこう。驚くべきことに、アメリカでの小説刊行第一号は一八一六年まで遡ることができ、代表作

『高慢と偏見』ではなく『エマ』であった。『高慢と偏見』も、早くも一八三二年に『エリザベス・ベネット』(*Elizabeth Bennet; or, Pride and Prejudice*)というタイトルで「ケーリー&リー」という出版社から刊行されている。

セーラ・ウッドによれば、十九世紀アメリカにおけるオースティン受容は四期に分類することができる。アメリカにおけるオースティン受容に関して唯一の本格的な研究書を出版したジュリエット・ウェルズも、このウッドの受容史とほぼ同じ見解を示している。第一期(一八三二〜五一年)は、オースティン作品が出版されてはいたが批評がほとんどない時代で、ようやく第二期(一八五二〜六九年)になると、アメリカにおける〈小説〉の地位向上に伴い、オースティンの作品も飛躍的に評価されるようになる。とはいえ、フィラデルフィアの『ナショナル・ガゼット』(*The National Gazette*)は、一八三〇年代のアメリカで、既に熱狂的なオースティンのファンが誕生していたことを記している。

一八五三年から一八六三年にかけてオースティン小説が雑誌などのメディアにしばしば取り上げられるようになったのは、理性的で抑制的なオースティン作品が、当時大流行したセンセーション小説とも呼ばれる《感傷小説》のアンチテーゼとして、男性批評家らの目に留まったからと考えられている。〈感受性〉というテーマに逆行するオースティンのイメージ——つまり「純粋で、健全で、貞淑な」理想像――が公共メディアによって再強化され、結果として揺るぎない地位を築いていった。一八五三年『北米評論』(*North American Review*) 七七号にオースティンの小説の書評を掲載したJ・F・カークは、彼女が「フィールディングやサッカレーと同列の地位が与えられる」のは「完璧な芸術」であるからと述べている。

第三期（一八七〇～八一年）になると、オースティンの小説が高く評価され、確固とした地位が築かれる。第四期（一八八二～一九〇〇年）は、オースティンを高く評価する批評家と、彼女が描く世界の視野の狭さを批判する批評家が両極化される時期である。このように、オースティン小説は広く十九世紀アメリカで読まれ、評価されていた。

もちろん、オースティンとウォートンの共通点に軽く触れる程度に言及する批評家はこれまでにも複数いた。一九三八年にはQ・D・リーヴィスが「ヘンリー・ジェイムズの後継者――イーディス・ウォートンの重要性」という評論において、オースティンの名前に六回も言及しているし、ウォートンがオースティン同様「風俗小説」の作家であると結論付ける批評家もいる。しかし、いずれの研究も歴史的な文脈に位置付けたものというより、印象論の域に留まっている。

本稿では、まずアメリカでのオースティン受容に少なからず影響を及ぼした甥ジェイムズ＝

エドワード・オースティン＝リーによるジェイン・オースティンの伝記や、姪で小説家のキャサリン・ハバックの小説を紹介しながら、オースティンの作品がアメリカで次第に定着していった経緯を紹介する。その後、これまで看過されてきたウォートン自身のオースティン受容について触れ、彼女の『歓楽の家』（*The House of Mirth*, 1905）がオースティン小説の翻案作品である可能性を検証する。

北米における保守的なオースティン像

十九世紀アメリカにおけるオースティン受容におそらく最も影響を及ぼしたのは彼女の甥ジェイムズ＝エドワード・オースティン＝リー（オースティンの長兄ジェイムズの長男）が書いた伝記『ジェイン・オースティンの思い出』（*A Memoir of Jane Austen*, 1870）であろう。当時の〈女性作家〉という文化的記号は〈ラディカル性〉を表していた。彼は叔母のオースティンがその批判対象になることを怖れ、彼女を道徳的な模範として理想化したのだ。

一八七〇年にアメリカの雑誌『リヴィング・エイジ』（*The Living Age*）第一〇五巻に掲載された「ミス・オースティンとミス・ミットフォード」に描かれたオースティン像は、オースティン＝リーの伝記に少なからず依拠している。オースティンが、法律、政治、医学といったテーマを小説の題材として扱わず、「〔読者の〕想像力や介入の余地を全く与えない、いわば日常生活の域を超えない」小説を書いたと評しているのはまさにオースティン＝リーが印象づけようとした〈標準的〉で〈平凡〉な女性像の反復である。しかも、この作者は、オースティン＝リーの伝記からオースティンの生活とその周りの情景、家族関係について情報を得ていることを断っている。ミットフォードと比較するとオースティンが「清貧でどこにでもいる」女性であると指摘するのは、ラディカルな女性とは一線を画する「平凡」なオースティン像を形成した伝記に影響を受けている。更に、一八七〇年の『ハーパーズ・マガジン』(*Harper's Magazine*)第四〇巻には実際にオースティン＝リーの伝記が部分的に掲載されており、アメリカにおけるオースティン神話の定着に欠かせない存在であったことが見てとれる。

叔母のイメージダウンに繋がるようなことを極力書かないでおこうとするオースティン＝リーの心理が、彼女を過度に保守的な作家に仕立て上げたのはやむを得ないとして、この伝記には不自然な点がいくつもある。例えば、彼女の作品については欠点がほとんどなく、全く波乱のない人生を送ったと主張する点である。

エキセントリックなところや、尖ったところはまったくなく、また、粗野なところも風変わりなところもなく、さらにいうと、偉大な才能を持った人物にありがちな病的な感受性も、大げさな感情もなかった。良識を土台とした、バランスのとれた知性を持ち、愛情豊かな心が、その知性をさらに魅力的なものとし、確固たる道徳心が、そのすべてをしっかりと支えていた。

また、オースティンの小説についても「高い道徳心」が特徴である点が強調されている。

たしかにオースティンの小説は、特定の理論を支持するために書かれたわけではないし、特定の教訓を解くために書かれたわけでもない。ただし、人生を観察することによって学べる道徳心の大切さ、つまり、低い道徳心よりも高い道徳心のほうが大切であり、狭い心よりも広い心の方が大切だということは、しっかりと書かれている。

特筆すべきは、一八八三年の『リヴィング・エイジ』第一五六巻に掲載された「ミス・オースティン」という論考の作者が、オースティンのキリスト教信仰を文学的な価値として高く評価している点である。それは、オースティン＝リーがオースティンの手紙から感じ取る忍耐強さや「柔順な精神」(submissive spirit) と重なる点であり、キリスト教の最も基本的な徳のひとつ「謙遜」(humility) でもある。作者は更に『マンスフィールド・パーク』のファニー・プライスや『説得』のアン・エリオットの言動から「感じ取れる」善意は、アンとハーヴィル大佐の会話によっても裏打ちされているという。「すべての生ける者たちの心温かく忠実なる感情を正当に評価できないことがあったら、どうか神よお許しください」というアンの言葉も引用するほどオースティンのキリスト教的イメージは定着していた。

十九世紀アメリカにおけるオースティンのイメージは、道徳的及び宗教的な側面が何より強調され、その〈道徳〉のアイコンとしてのオースティンが北米で神格化されながら普及していったと言える。セーラ・ウッドの分類で言うと、第三期の一八七〇年以降次第にオースティンの文学的地位が確立されていく背景に、成熟しつつあるアメリカ社会（とりわけそのピューリタン的志向）が女性教育・道徳の模範を模索し始める現象があるのは興味深い。オースティン＝リーによる伝記でしきりに前景化される〈保守的〉なオースティン像が国家形成のプロセスにおいてプロパガンダ的に用いられたと言うと誇張しすぎかもしれないが、少なくともオースティンの保守性はアメリカの文化形成に少なくない役割を果たしたと言えよう。十九世紀半ばには、オースティンの作品が当時流行していたアメリカ女性作家による感傷小説のアンチテーゼとしてみなされ、受容された歴史的事実は興味深い。

ハバックとウォートンが継承したもの

オースティンの姪キャサリン・アン・ハバック（Catherine Anne Hubback 1818-1877）が大西洋を渡り、アメリカに移住していたことはあまり知られていない。しかも、彼女は作家としても活躍していた。海軍に属していたオースティンの兄フランシス・オースティン（Sir Francis Austen 1774-1865）は、渡米した数少ないオースティンの血縁であり、キャサリンはその娘である。

ハバックの処女作『妹』（*The Young Sister*, 1850）は、オースティンの未完作『ワトソン家』の続編であり、そのタイトルページには「叔母であるジェイン・オースティンに捧ぐ」と記されている。ハバックは、叔母に直接会う機会に恵まれなかったが、生前オースティンが残した未完作品『ワトソン家』に関するメモを基にかなり忠実に物語を展開し、主人公エマが結婚相手について悩みながらも、裕福なオズボーン卿ではなく、知性溢れるハワード氏に次第に惹かれていくというイギリス的風俗小説に仕立てた。

オースティン同様、ハバックもまた生活のために小説を書いた。一八四二年にジョン・ハバックという弁護士と結婚したキャサリンは、その後、子供を三人生んだが（一人は出産後すぐ亡くなる）、一八四七年に夫ジョンがノイローゼを患い精神病院に収容されてしまう。そのため彼女は、家族の生活を支えるという経済的な事情のために小説を書き始める。

ハバックはアメリカに移住した後、一八七一年にアメリカを舞台とした「客室乗務員の物語」（"The Stewardess' Story"）という短編小説を書いた。アメリカ行きの客船で働くフォード夫人（乗務員）が乗客のひとりであるシートン夫人に頼みごとをされ、それが原因で大騒ぎになる物語である。シートン夫人はある少年のために持ち込んだプレゼントをフォード夫人にこっそり保管してもらいたいと依頼する。フォード夫人は、お人好しにもそのモノをジャケットのポケットに入れて船から降りるのだが、実際シートン夫人が彼女に渡したのは偽造紙幣の鋳型と思しきものであった。船が港に到着するやいなや、シートン夫人の夫が警察に逮捕される。税関のチェック（服装の確認）をされる時に、フォード夫人はヒステリー状態に陥る。良心の呵責を感じている証拠であるとみなされたため、更に厳しいチェックを受けることになる。

フォード夫人の甲高い叫び声に混じって、「ヤンキーの声」が聞こえてくるという一節がある。米国外では一般的に「アメリカ人」という意味の「ヤンキー」という言葉が用いられている点に留意したい。外国人が違法とされるモノをアメリカに持ち込んだ嫌疑で逮捕されるかもしれないという恐怖がここでは表現されている。興味深いことに、ここで主に表象されているのは「正義」や「道徳」ではなく、「外国人」あるいは弱者としてのフォード夫人の不安感である。イギリス人として渡米する時に見舞われるであろう多くの問題が主題なのだ。

この場面からわかるのは、ハバックは〈法の遵守〉に反する行為よりも、〈差別的な視点〉を厳しく批判しているということだ。ハバックは、しばしば移民に対して向けられていた差別や偏見が、アメリカの共和主義が掲げる平等主義と矛盾することに違和感を覚えていた。例えば、彼女の家庭で雇っていた中国人の少年プーン（Phun）に言及しながら、当時のアメリカの人種差別を問題視するハバックの態度からは、アメリカ人の外国人恐怖症や社会の二重規範に対する彼女の批判的眼差しがうかがえる。この中国人の少年や外国人について、ハバックは「彼らが私を傷つけるなんて思わないわ」（一八七六年五月二一日）と日記に書いている。

「客室乗務員の物語」を読んでわかるのは、保守的な女性像を描くことがハバックの主たるテーマではないということだ。オースティンについてもじつは同様のことが言える。もちろんある観点からオースティン作品を読めば、ヒロインが、小さな田舎町で遭遇する出来事を経て道徳心を芽生えさせていく物語としても読めるが、テクストを丹念に読み込むと、もうひとつの重要なテーマが浮き彫りになる。例えば、『マンスフィールド・パーク』で比較的貧しい家庭に生まれたファニー・プライスや、裕福な男性と結婚して富を手に入れようと野心を漲らせるメアリ・クロフォード、『エマ』で不幸な境遇に生きるミス・ベイツやジェイン・フェアファックスなど彼女らを蔑視する慇懃な上流階級の登場人物の言動を吟味すれば、周縁化された女性に共感する眼差しがある。

それでは、ハバックがオースティンから継承した差別や偏見をめぐる問題意識は、ウォートンの小説にも認められるだろうか。ウォートンはイギリス文学の「風俗小説」という伝統を踏襲しながらも、当時のアメリカの文脈に移植することを意識していた。例えば、ウォートンのエッセイ「偉大なるアメリカ小説」では、ヨーロッパの「濃密な秩序」を特徴づけたのは、テクノロジー（電話や車、電報など）以前の狭い田舎の風景であり、それを描くことに特化していたフランスのバルザックやイギリスのジェイン・オースティンは限定的な地域の偏狭な問題を扱うことによって豊かな文学を生み出した、と説明している。

じつはオースティン自身も小説の中で「近代化」の問題に向き合っていた。『ノーサンガー・アビー』ではティルニー将軍が元は修道院であった建物を快適な邸宅にすっかり改装してしまった。この近代化に並んでオースティンが取り組んだ問題は産業革命と並行して行われた地所改良である。公有地として守られていた自然が資本家に買い取られ改良されていく状況に批判的な眼差しがオースティンの『分別と多感』や『マンスフィールド・パーク』にはある。

　ウォートンによれば、エドガー・アラン・ポーやナサニエル・ホーソーンといったかつての小説家にとっては「想像上の歴史的過去」をフィクションの世界に取り込むことはまだ比較的容易なことであった。しかし、めまぐるしく近代化しつつあった二十世紀アメリカ社会に生きるウォートンは「雑多なものがごたまぜになった状態」に手を突っ込み、〈小説〉という媒体でもってして「新しい秩序」を構築していく必要があるというのだ。そして、アメリカ人が見いだしつつあった新しい世界では、フォード車やジレットの髭剃り刃が流通し、発明や宣伝など新しいコミュニケーション手段によって莫大な利益を得る人が増えていた。このような新しい国をウォートンは「巨大なエスカレーター」に喩えた。

　この進歩の激しい「刹那的で、絶えず変化する」新しい世界が構築されていくアメリカでウォートンが創作しようとした「偉大なるアメリカ小説」はどのようなものだったのか。ウォートンが初めての長編小説『決断の渓谷』（*The Valley of Decision*, 1902）をヘンリー・ジェイムズに送った際、彼から「十八世紀のイタリアを題材にするよりも」生まれ育った土地でよく知った「ニューヨークもの」、また「身近で、本物で、唯一のもの、あなたのもの」をしっかり書いた方がよいという助言を受ける。それが転機となり、彼女はより〈アメリカ的なるもの〉を目指すようになる。その結果、『歓楽の家』や『お国の習慣』（*The Custom of the Country*, 1913）など、アメリカ、ニューヨークを舞台とした小説を書き始めることになる。

ウォートンの『歓楽の家』が、ヨーロッパの「旧世界」から距離を取ることを意識した小説であるのは事実だが、近代化というテーマに着眼した点において、オースティンとよく似た思想を持っていたとも言える。また、ウォートンが当時アメリカで流行していたリアリズム小説や感傷小説よりも、オースティンや他のヨーロッパ小説に見られる「風俗小説」という形態を模しつつ、新大陸アメリカの社会的、経済的問題をフィクションで語り直す試みをしたことは看過できない。

オースティン小説の翻案として読む『歓楽の家』

ウォートンは『歓楽の家』で何を描こうとしたのか。オースティンとウォートンには〈近代化〉というプロセスに注目する類似点の他に〈葛藤する女性の表象〉という興味深い共通テーマがある。エムスリーは、ウォートンの『お国の習慣』のヒロイン、アンディーン・スプラッグも、オースティンの初期作品『レディ・スーザン』のヒロインも、女性の性的な魅力を総動員し、富や社会的地位を手に入れようとする野心家であると指摘している。十九世紀アメリカの雑誌『リヴィング・エイジ』などが印象づけようとした道徳的なオースティンのイメージとは全く相容れない女性像である。

換言すると、アンディーンとレディ・スーザンはステレオタイプ的なヒロイン像とは対極にある〈アンチ・ヒロイン〉である。つまり、オースティン＝リーの念頭にあった、あるいはピューリタン的なアメリカ社会が理想化した道徳の権化でない女性像こそが、ウォートンが選んだ〈アメリカ的なるもの〉だというのが、エムスリーの主張である。

確かに、オースティンの初期作品にはアンディーンのように富や社会的地位を理由に男性を選ぶような打算的、あるいは野心の漲ったヒロインが登場する。他方、誰もが知る『ノーサンガー・アビー』『分別と多感』『自負と偏見』『マンスフィールドパーク』『エマ』『説得』のヒロインたちは、たとえ裕福な男性を選んだとしても、彼らの知性、分別、愛情、又は相手を尊重する人間性がその判断基準となっている。オースティン＝リーが賞賛したヒロインは、徳の高さが際立っており、俗物的な要素が完全に排除されていた。

もしエムスリーが主張するとおり、ウォートンが『レディ・スーザン』のヒロインに〈アメリカ的なるもの〉を見いだしたのだとすれば、それは経済的野心で莫大な富を手にいれた人間が支配するアメリカ社会で、弱者がいかに生き残るかという主題に他ならない。レディ・スーザンは夫を亡くした身でありながら、経済的に落ちぶれることなく、自分の容姿と雄弁さを巧みに操り、社交界で逞しく生き延びるサバイバーである。

ひとたびオースティンのマイナーな登場人物に目を向けてみると、このような女性たちは何人もいる。例えば、『マンスフィールド・パーク』のメアリ・クロフォードの経済的野心は突出している。エドマンド・バートラムと相思相愛の関係のメアリであるにもかかわらず、彼が清貧を重んじる僧職につくことを打ち明けると、彼との結婚に難色を示すのである。上昇志向型のメアリは、レディ・スーザンの発展形とみなすこともできる。ただし、注意したいのは、オースティンの主要な登場人物たちは決して、金のために上流階級の男に身を売るような反道徳的なことはしなかったということである。

『歓楽の家』の主人公リリー・バートはどうだろうか。オースティンのプロットにありがちな美しいヒロインが裕福で理想的な結婚相手と偶然巡りあって結婚するハッピーエンドの物語なのだろうか。オースティンのヒロインと一線を画するのは、この美しいリリーは富を得ることに貪欲であることだ。つまり、ウォートンは、精神性を重んじたオースティンのヒロインたちを、この時代のアメリカにふさわしいヒロインに明らかに置き換えている。

ウォートンが「巨大なエスカレーター」と形容する新しいアメリカは貧富の差が広がる資本

主義社会に突入していた。ビジネスや投機で巨万の富を得た富裕層を横目に、日々の生活もままならない人間が貧困に喘ぐ社会。この谷間に落とされたリリーは新しい価値観を取り込むことを拒否し続ける女性なのだ。彼女が象徴する「美しさ」はニューヨークの富裕階級層の「投機対象」となり、それを「買う」ことのできる上層階級の間で、いわば「取引」される。しかし、リリー自身は肝心なところで「買われること」を拒むのである。「リリーはお金のために結婚するなんてことはできないだろう。しかし、そうはいっても、お金なしで生活することもできないのだ」という一節は、彼女の二律背反性を示す象徴的な一節である。じっさい、リリーは物語を通して金持ちとの結婚を犠牲にしてロマンスを選ぶか、物欲にまみれた低俗な男でも経済力さえあれば結婚すべきか、逡巡し続けるのである。

小説の冒頭でリリーの生い立ちが語られる。彼女は一九歳で父親の破産によって家を失う。読書は愛したが経済的な成功を果たせなかった父を恨むというより、心の拠り所とする傾向もある。リリーの容姿の魅力が唯一の資産と考えた母親は、その「美」を手段に金持ちと結婚させ、以前の贅沢な生活を取り戻そうと目論んでいた。ところが、母親はその夢を果たすことなく他界する。両親が亡くなった後、金銭的に頼りになるのはリリーの父方の叔母であるミセス・ペニストンだけであるが、その家でリリーは間借り人のような存在にすぎない。このような不幸がリリーを「頭の硬い」性質にするどころか、生き延びるためにかえって「順応性の高い」人間にした。しかし、自由を求めるリリーにとって、叔母への経済的な依存は「隷属」を意味していた。

裕福な男性との結婚を幸せであると考えていた母に少なからず影響を受けたリリーは、叔母の支配から解放されるために、まず条件を満たす結婚相手を見つけようとする。トレナー邸でのパーティに向かう列車の中で、まさにその条件にぴったりのパーシー・グライスと出くわし、彼を魅了することに成功する。しかし、リリーは、グライスが退屈極まりない男であることを見抜いてもいる。彼の購入する本は読むためのものではなく、本棚に飾って自慢するものである。

他方、読書好きだった父親に似て、少なからず共感できる精神を備えたローレンス・セルデンは経済的な余裕はなく、結婚相手としてはふさわしくない。グライスとは異なり、セルデンは読むための本を苦心して集め、贅沢な暮らしとは縁遠い。彼によれば、成功とは「金や貧困、快適さや不安のすべてから自由でいること」なのである。反対にグライスは、「人生の快適さや華やかさもそうだが、裕福で社会に注目される人々の群れに属することで得られる栄光が気に入っていた」という陳腐な考えを持っている。

グライスの心を射止めたリリーは「もういつでも彼と結婚できる」と安心し、浪費する彼女につきまとっていた「お金の問題」を彼が一挙に解決してくれるだろうと高を括っていた。しかし、グライスからの求婚がなされるはずだった大事な局面で、セルデンとのロマンチックな午後を過ごし、婚約を逃してしまう。ここからリリーの転落人生が始まる。

皮肉なのは、リリーの下降転落の原因の一つが、カード遊びで膨らんだ借金であったことだ。先述したとおり、リリーの美しい容姿は「経済力」を持つ男たちの投機の対象である。その彼女がおそらく唯一参加していた経済活動というのが、カード遊びの「ブリッジ」だ。当時は有閑階級の間で室内のブリッジに興じることはごく一般的で、リリーはそれを自分の魅力を「売る」機会として利用した。ところが、借金はかさみ、叔母のお小遣いでは支払えなくなる。追い込まれたリリーがたどり着く先が、結婚（あるいは関係）をちらつかせた複数の金持ちとの駆け引きである。

そこまでして「美」を自分の魅力としてアピールしたにもかかわらず、リリーは金銭目当ての結婚ができない。ここでようやくオースティンのヒロインに見られる道徳観が首をもたげてくる。リリーが低い道徳的価値観に身を落とすことができなかった理由のひとつとして《ピューリタニズム》というアメリカ東部の社会規範がある。小説を通しても、リリーが幼いころから教会に通う、宗教心に厚い女性であることが強調されている。

例えば、彼女は宗教心をもたないグライスに嫌悪感を抱いているとさえ告げている。つまり、ここにオースティン＝リーが強調したオースティンの精神性に基づく倫理道徳を挙げることができる。一見〈アンチ・ヒロイン〉に見えるリリーは、最後の最後で、欺瞞に満ちた上流階級の道徳的腐敗に染まることを拒むのである。

リリーの「美」あるいは「性」に投機することを申し出る相手ガス・トレナーとの駆け引きを見てみよう。彼女はブリッジでの賭けで多額の金を失い、残った少しのお金を投資目的でトレナーに渡したはずと思っていた。投資金を増やすと見せかけたトレナーの策略は、それに対する見返りとして「謝意」を求めてくる。

トレナーは、彼の妻ジュディーがリリーを自宅で待っていると嘘をつき、彼女を夜一人でやって来させる。「私がどれだけ君に夢中か知っているだろう、金なんてどうとでもなる。まだまだあるんだ」と詰め寄ってきたトレナーの手が肌に触れたとき、リリーは「溺れそうになる意識の中ショックを受け」、「怯んでしまう」くらいの「嫌悪感」を感じる。金のために身を落とすことに対して「嫌悪感」を抱くリリーは明らかにピューリタン的な生活基盤を持つ女性である。

アメリカの新興勢力の一人が、小説の冒頭で登場するサイモン・ローズデイルだ。彼こそ、ウォートンが「巨大なエスカレーター」と形容したアメリカ経済を象徴する存在である。リリーが初めて出会ったとき、彼は「まだ社会的な上昇過程」にいる段階であった。のちに、彼が投機に成功して、窮地にいるリリーを救えるチャンスが到来したとき、彼はある「取引」を持ちかける。経済的にのし上がった権力の誇示のためにリリーを利用したいと申し出るのだ。彼女は既に既婚者であるトレナーやジョージ・ドーセットとの関係を噂され、社交界では破滅寸前まで追い込まれていた。

リリーが上層階級に返り咲く唯一の方法が、リリーを陥れたジョージ・ドーセットの妻バーサの弱みにつけ込んで脅迫し、報復するというものだった。訳ありのバーサの手紙をリリーが以前手に入れていたことを知ったローズデイルが企てた奸計である。バーサさえ味方につければ、社交界に怖いもの知らず、というわけだ。語り手がローズデイルの申し出を「ビジネス的なギヴアンドテイク」と表している通り、リリーが「バーサをコントロール」できれば彼にも大いに利益になる。それが彼の「取引の分け前」なのだ。

「新しいアメリカ」だからこそ経済的にのし上がった男との結婚でニューヨーク社交界での成功を手に入れることができる。何度もその「投機」の機会に恵まれながら、リリーはやり過ごしてしまう。ローズデイルのビジネス的提案にも乗らず、その上昇するエスカレーターに乗りそびれてしまうリリーは、ついには自殺をはかる。

むすび

オースティンとウォートンのあいだには、埋められない隔たりが確かにある。それは、ハッピーエンドで終わるオースティン小説と、それがかなり稀であるウォートン小説の差でもあろう。最終的に経済力をもつ理想的な相手と結婚ができるオースティンのヒロインとは異なり、ウォートンのヒロイン、リリーは、アメリカの資本主義経済がつくりだした過酷な社会状況の犠牲者、あるいは圧倒的な弱者として描かれる。しかし、二人の作家には重要な共通点がある。バーサ・ドーセットらの社交界から疎外されるリリーは、オースティンの『分別と多感』で社会的にウィロビーに「切り捨てられる」マリアンヌとイメージが重なる。『マンスフィールド・パーク』で、条件のよいヘンリー・クロフォードのプロポーズを断り、バートラム家から疎外されそうになる養女ファニー・プライスも、一度は同じような窮地に立たされている。

確かに、ウォートンはオースティンほど模範的なヒロインは描かなかった。しかし、彼女はアメリカ的な社会を鮮烈に描き出しながら、本稿で取り上げたオースティン的な価値観も掬い取って描いているのだ。それでは「オースティン的な価値観」とは何か。オースティン＝リーの伝記の影響にもよるが、十九世紀アメリカでは聖女的なオースティン像が流布した。もちろん、それが「誤った」イメージだというのではない。その証左として、とりわけファニー・プライスはプロテスタント的なキリスト教の美徳を備えてもいる。しかし、オースティンの『レディ・スーザン』のヒロインの存在も忘れてはならない。ここで、あえて強調するなら、オースティンの信仰心が最も表れている〈弱者への共感〉という主題であろう。ハバックも弱者を擁護する立場を叔母であるオースティンから継承した。

リリーは、ローズデイルと結婚して享楽の社交界に閉じ込められるより、セルデンが欲した「成功」、つまり「自由」を獲得することを選んだ。風俗小説という形態を選んだオースティンやウォートンにとって、じつは、社交界の「歓楽」の不毛さがひとつの大きな主題である。レディ・スーザンがサー・ジェイムズと結婚することが決まってから感じる満たされなさは、ウォートンが『お国の習慣』のエンディングで描くヒロインの満たされなさと同じである。また、ウォートンは、人間の貪欲さ、利己心、物質主義を風刺しながら、結婚という手段を用いることで力や権力を求めざるをえない女性の境遇に強い共感を示している。『歓楽の家』がオースティン小説の飜案であるとすれば、それは《女の野心》という主題が、社会権力に対して弱者の行き場のない葛藤を孕んでいるということに尽きるだろう。

〈参考文献〉

J・E・オースティン＝リー『ジェイン・オースティンの思い出』中野康司訳、みすず書房、二〇一一年

Emsley, Sarah. "'Nothing against Her, but Her Husband & Her Conscience': Jane Austen's Lady Susan in Edith Wharton's Old New York." *Persuasions On-line*, vol. 33, no. 1, Winter 2012, http://www.jasna.org/persuasions/on-line/vol33no1/emsley.html.

Hann, Jennie. "Perverting *Pride and Prejudice*: Wharton's American Alternative to the Novel of Manners: An Essay on *The House of Mirth*." *Edith Wharton Review*, vol. 24, no. 1, Spring 2008.

Hubback, Catherine. "The Stewardess' Story," *Overland Monthly and Out West Magazine*, Oct. 1871.

Kramp, D. Michael. "The Purity of Jane; or, Austen's Cultural Importance in Nineteenth-Century America." *Persuasion*, no. 22, 2000.

Nyquist, Mary. "Determining Influences: Resistance and Mentorship in *The House of Mirth* and the Anglo-American Realist Tradition." *New Essays on The House of Mirth*, edited by Deborah Esch, Cambridge UP, 2001.

Wagner, Tamara S. "Jane Austen's Niece Goes West." http://www.victorianweb.org/authors/hubback/2.html.

Wells, Juliette. *Reading Austen in America*. Bloomsbury Academic, 2017.

Wharton, Edith. "The Great American Novel." *The Yale Review*, vol. XVI, no. 1, Oct. 1926.

——. *The House of Mirth*. Edited by Elizabeth Ammons, Norton, 2018.

Wood, Sarah. The *American Reception of Jane Austen's Novels from 1800 to 1900*. (Thesis Presented to the Graduate Council of the North Texas State University in Partial Fulfillment of the Requirements for the Degree of Master of Arfs, Denton Texas, December 1987).

Q ディスカッション・クエスチョン

・ジェイン・オースティンの甥オースティン＝リーが書いた彼女の伝記『ジェイン・オースティンの思い出』が十九世紀のアメリカで広く受容された例をいくつか挙げた上で、どのような役割を果たしていたか考えてみましょう。

・オースティンとイーディス・ウォートンの小説には当然違いはありますが、〈近代化〉と〈女性表象〉への着眼には共通点もあります。それらについて、いくつか例を挙げ、どのような類似点があるか可能な限り具体的に挙げてみましょう（例えば、キリスト教的な価値観がヒロイン像の形成にどう影響しているかなど）。

第十一章

シネマトグラフィー入門
——疎外とアイデンティティに関する代表的アメリカ映画の考察を通じて

ケネス・G・オキモト
訳：三原　里美

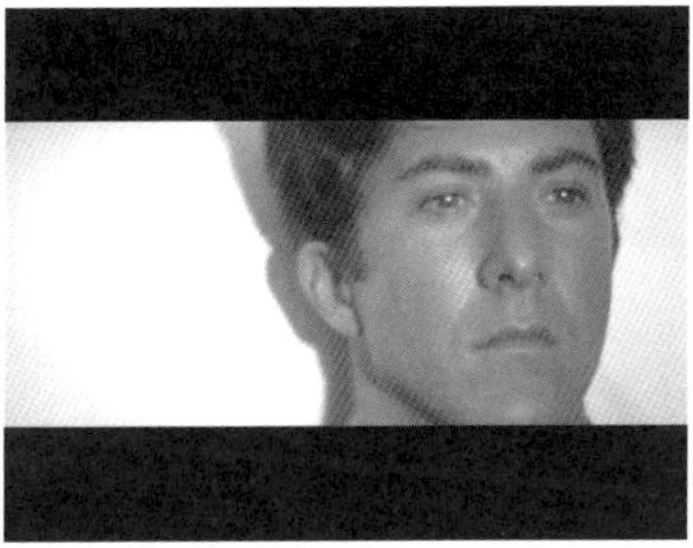

図1『卒業』オープニング・ショット（0:09）

よくできた詩は、たった一行、又はたった一語でも、多くを語ることができる。それは映画も同じだ。ただ、アイディアを伝えるため言葉に代わって使われるのはもちろん映像である。例えばこの映像（図1）は、有名なアメリカ映画のオープニング・ショットだ。このようなワンショットや、そのショットに使われる映画技法に基づいて、疎外とアイデンティティという物語の主題とともに、心理的、社会的、思想的など多様な意味を推察することができる。このショットが撮られたアメリカ映画は、一九六三年の同名小説に基づいて一九六七年に作られた『卒業』というコメディドラマだ。この章では映画技法がいかにして映画作品の中でこうしたショットの効果を高めるのかを述べていきたい。だがまず初めに、物語に見られる様々なモチーフをよりよく理解するために、物語が始まる時代の社会的、文化的風潮を概観してみよう。

一九六〇年代のアメリカ

一九六〇年代のアメリカは激動の時代だった。社会的不平等や反倫理的慣習の蔓延に異議が唱えられ、不正を正そうとする試みとしていくつかの重要な運動が起こるようになった。人種差別に抗議するため一九五〇年代に始まった公民権運動は、マーティン・ルーサー・キングJr.など影響力のある活動家たちによって一九六〇年代に勢いを増した。女性解放運動は、職場での女性の不平等に異議を唱え、主婦としての伝統的な女性の役割を否定することを目的として始まった。農薬による環境破壊を描いたレイチェル・カーソンの有名な著書『沈黙の春』（一九六二年）に刺激されて、環境への関心も高まり、環境保護運動が開始された。

また若者文化の運動が興隆した時代でもあった。「カウンターカルチャー」(counter：異なる、若しくは反対の方向、結果、効果へ向かうこと＋culture）と名付けられたこの運動は、文化的革命のようなものへと膨れ上がったある種の反体制運動である。このカウンターカルチャー運動の過熱にはいくつかの要因があるが、第一の要因は第二次世界大戦後のベビーブームのために記録的な数のティーンエイジャーや青少年が当時のアメリカにいたことであろう。一九六七年一月六日に発行されたタイム誌の表紙には「二五歳以下」という見出しとともに様々な民族の青少年たちが登場している。記事中には「一九六六年、アメリカでは二五歳以下の市民がそれ以上の年齢の人口をほぼ上回った……」とあり、また「もしこの統計が変革を示すのだとすれば、若い世代の資質がそれを保障している。若者たちがこれほどまでに自己を主張し、明確な意思を持ち、教養があり、世情に通じていたことはない。おそらく彼らは極めて独自に発達した種なのだろう」と記述されている。

こうした特徴によって若者たちは、不道徳、不平等、マキャベリ主義的だなどと感じたこと——ヴェトナム戦争、人種差別、産業化による環境破壊、警察の残虐行為、黒人の市民権はく奪——に対抗すべく団結し、言論の自由、集会の自由、そして女性・同性愛者・障害者・貧困者等の権利のために闘った。

彼らの親世代が生きた一九五〇年代、人生は「画一的」で「安定」したものであった。"1950s: Pop Culture Explodes in a Decade of Conformity" ではこのように述べられている。

経済は好調で何百万人ものアメリカ人が中流階級になった。政治も安定し、第二次世界大戦の英雄であるドワイト・D・アイゼンハワー大統領（一八九〇〜一九六九年）は多くの人に愛された。ほとんどのアメリカ人にとって一九五〇年代は狂気の戦争の時代の後に来た日常への回帰であった。記録的な数のアメリカ人が……郊外へと移り住んだ。……*Leave It to Beaver*（一九五七〜六三年）、*Father Knows Best*（一九五四〜六三年）、*The Adventures of Ozzie and Harriet*（一九五二〜五六年）など当時の人気テレビ番組はこうした幸福な日常の穏やかな気分を反映し、アメリカ国内に示した。

しかし六〇年代の若者にとっての人生は、五〇年代の親たちの人生に比べてより複雑かつ不安定なものだった。こうした時代の複雑さが生きることや存在意義についてのあらゆる疑問を生み、別の生き方を試すことへと彼らを駆り立てた。ボヘミアンやヒッピーのようなライフスタイルを好み、親たちのような快適な暮らしを捨てて、貧しい暮らしに甘んじる者もいた。彼らは共同生活をして、型にはまらないファッションに身を包み、平和や自由な恋愛の価値について論じあった。

これまでの規範に従わないこうした生き方は親世代からは反抗と捉えられた。しかし反抗というものは遠い昔から若者の特徴である。こうした態度が示唆するのは、若者たちが、善意からではあるが型にはまった両親たちから得られるものと比べて、生きることについてより深く多様な意味を見出そうと模索しているということだった。

この社会的、文化的状況を背景に現れたのが、映画『卒業』なのである。したがって、この映画の主題が六〇年代のカウンターカルチャーにおける主題、とりわけ世代間格差や生きることについての新たな意味の探求といったテーマを反映しているとしても驚きではない。

あらすじ

無気力は持続的活動の時代に続いてやってくる。
無気力の時代には疑問が生じる。

これが物語冒頭のベンジャミン・ブラドックの状況である。『卒業』の若き主人公ベンジャミンは、名門イーストコースト・カレッジを卒業したばかりで、在学中はクロスカントリーチームのキャプテン、ディベートクラブの部長、校内新聞では副編集長から編集長を歴任し、活動的に過ごしていた。学業面でも能力を発揮し、成績優秀のためフランク・ハルピンガム奨学金の奨学生として大学院に合格することもできた。ベンジャミンはアッパーミドルクラスの両親にとって誇りであり、両親の期待すること全て、そしてそれ以上を実現させた。

だがそれにもかかわらず、ベンジャミン自身は人生の岐路に立っていた。大学と大学院の間にあり、「子供」と法的な意味での成人（物語の舞台であるカリフォルニアで当時法的な成人年齢であった二一歳にまもなくなるところだった）との間にあり、（両親への）依存と独立の間にあった彼は、人生や生き方について、またより差し迫ったものとして自分の将来について悩んでいた。

ブラドック家の邸宅の一階でベンジャミンのためのパーティーが両親によって開かれていたある夜、ベンジャミンは二階の自室に引きこもり、父親に自分の悩みを話そうとする。以下は『卒業』の脚本からの抜粋だ。（以下ベンジャミン＝ベン）

二八　室内・ベンの寝室（夜）　クローズアップ――ベン

ベンジャミンは目を開き何かを思い出そうとしている。別の部屋で大勢の人が話したり笑ったりする声が聞こえている。近くのラジオが音楽を流している。しばらくしてドアが開く音がする。人々の話し声は小さくなる。

数秒後、電気のスイッチを入れる音がして、頭上に取り付けられた電灯からの光がベンの顔にかかる。ベンは動かない。

ブラドックの声　「どうした?」

ベンの口が少し開き、また閉じる。

ブラドックの声　「お客さんはみんな下にいるぞ、ベン。みんなお前に会いたがって待っている。」

ベン　「なあ父さん、しばらく一人になりたいとみんなに言っておいてくれないか?」

ブラドックの声　「みんな仲のいい友達じゃないか、ベン。ほとんどが、ほら、生まれた頃から知っているくらいだ。」

ベンはずっと動かずにいたが、彼が横たわるベッドが、誰かが隣に座ったかのように揺れ動く。

ブラドックの声　「どうしたんだ、ベン?」

〈カメラがゆっくり引き始める〉

ベン　「俺はただ…」
ブラドック　「不安なのか?」
ベン　「まあね」
ブラドック　「何がだ?」
ベン　「たぶん、将来が。」
ブラドック　「どういう風に?」
ベン　「わからない。こうなってほしいというのはある。」
ブラドック　「なんだ?」
ベン　（小声で）「変わってほしい。」

人生に対する疑問が迫り、助けとなる答えもありそうにない時、人は逃げ道を探そうとする。ベンにとっての逃避は父親の共同経営者の妻であるロビンソン夫人という形となって現れた。彼女も退屈な暮らしと結婚に苦悶し、大きな孤独感に包まれていた。孤独を和らげるために、夫人はベンを誘惑して浮気を始めるが、それは二人にとって肉体的な関係や愛というよりも、実人生からの逃避だった。

一方で夫のロビンソン氏はこの密会に気付かず、カリフォルニア大学バークレー校在学中で休暇をとって帰省していた娘のエレインとデートするようベンに勧めていた。ベンも初めのうちは断っていたが、自分の両親からも勧められ、その要求に渋々従うことになった。ベンはこの話に激しく反対していたロビンソン夫人を喜ばせるために、エレインにひどい印象を与えることに決めており、デートの始まりは予想通り最悪だった。しかし意外にも、運命のいたずらでベンは自分がエレインに（彼女の誠実さに？純粋さに？思いやりに？）惹かれ始めていることに気付き、デートが終わるまでには気持ちを彼女に告白するまでになる。

一二二　外・タフトホテルの車道（夜）

ベンとエレインは車の中。ベンはエンジンをかけてアクセルを踏むと、二一フィートで飛ばし、駐車する。エンジンを切りライトを消して、ハンドルに伏せた後、顔を上げる。

ベン　「エレイン、君が好きだ。とても好きだ。信じてくれる？」

彼女はうなずく。

ベン　「本当に？」

エレイン　「ええ。」

ベン「君が初めてなんだ。こんなに好きになったのは君が初めてなんだ。一緒にいたいと思える初めての人だ。」

エレインはベンの手を取る。

ベン「つまりその、ぼくの人生は本当につまらないってことだ。なんでもない。ごめん。家まで送るよ。」

二人はまたデートの約束をするが、ロビンソン夫人はもちろんそれを許さない。夫人は怒ってベンとの関係を娘のエレインに暴露し、今度はエレインが驚きあきれてベンを拒絶する。しかしベンはエレインを忘れることができず、彼女をあきらめるなど想像もできなかった。

エレインがきっかけとなり、ベンは異常なほど深刻だった停滞状態から抜け出すのである。彼は感情を表に出すようになり、再び自分のために行動を起こすようになった。行動することが充足感や達成感を味わえる終着地点へ今後つながるのかはまだわからないが、回復の予兆や方法もないまま孤独に苛まれ、疎外された状態にあったベンにとって、単に行動を起こすこと自体が前進であり、人生の進歩を意味していた。それこそが、ベンが長らく忘れていた感覚であった。

賞賛

マイク・ニコルズが監督し、ダスティン・ホフマン、アン・バンクロフト、キャサリン・ロスが出演した『卒業』は、アカデミー賞七部門にノミネートされ、マイク・ニコルズには監督賞が与えられた。その他にも、ゴールデングローブ賞主演女優賞（アン・バンクロフト）、監督賞、作品賞ミュージカル・コメディ部門（ローレンス・ターマン、ジョセフ・ラヴィーン）、新人俳優賞（ダスティン・ホフマン）、新人女優賞（キャサリン・ロス）、英国映画テレビ芸術アカデミー賞最優秀映画賞、監督賞、新人賞、編集賞（サム・オースティン）、主演女優賞など数多くの賞を受賞している。

同作はアメリカ映画研究所の「アメリカ映画ベスト一〇〇」で七位にランクインし、更に「文化的にも、歴史的にも、芸術的にも重要である」として、アメリカ議会図書館によりアメリカ国立フィルム登録簿に保存された。映画評論家たちの間でも数々の称賛や批判が繰り広げられてきた映画であるが、その撮影技巧については誰もがその素晴らしさを認めている。

シネマトグラフィー

今から一四〇年以上前の一八七八年に、エドワード・マイブリッジが世界最初の「モーション・ピクチャー」と言われているものを作り出した。モーション・ピクチャーは、スクリーンに映し出された画像の連続で、動いているという錯覚を作り出すものと定義されている。「サリー・ガードナーのギャロップ」(図2)と題されたこのモーション・ピクチャーは、ギャロップで走る馬の写真が連続したもので、その画像はマイブリッジが作り出したズープラクシスコープと呼ばれる発明品「回転する画像ディスク」を使ってスクリーンに映し出されたものである。映画製作者や映画理論家が今日使われているような映画技法を開発し始めたのは、それからわずか二〇年後のことだった。興味深いことに、こうした技法の多くは小説や詩などの文学で使われていた技法を応用したものであった。

例えば一九〇〇年代初頭において、現代のシネマト

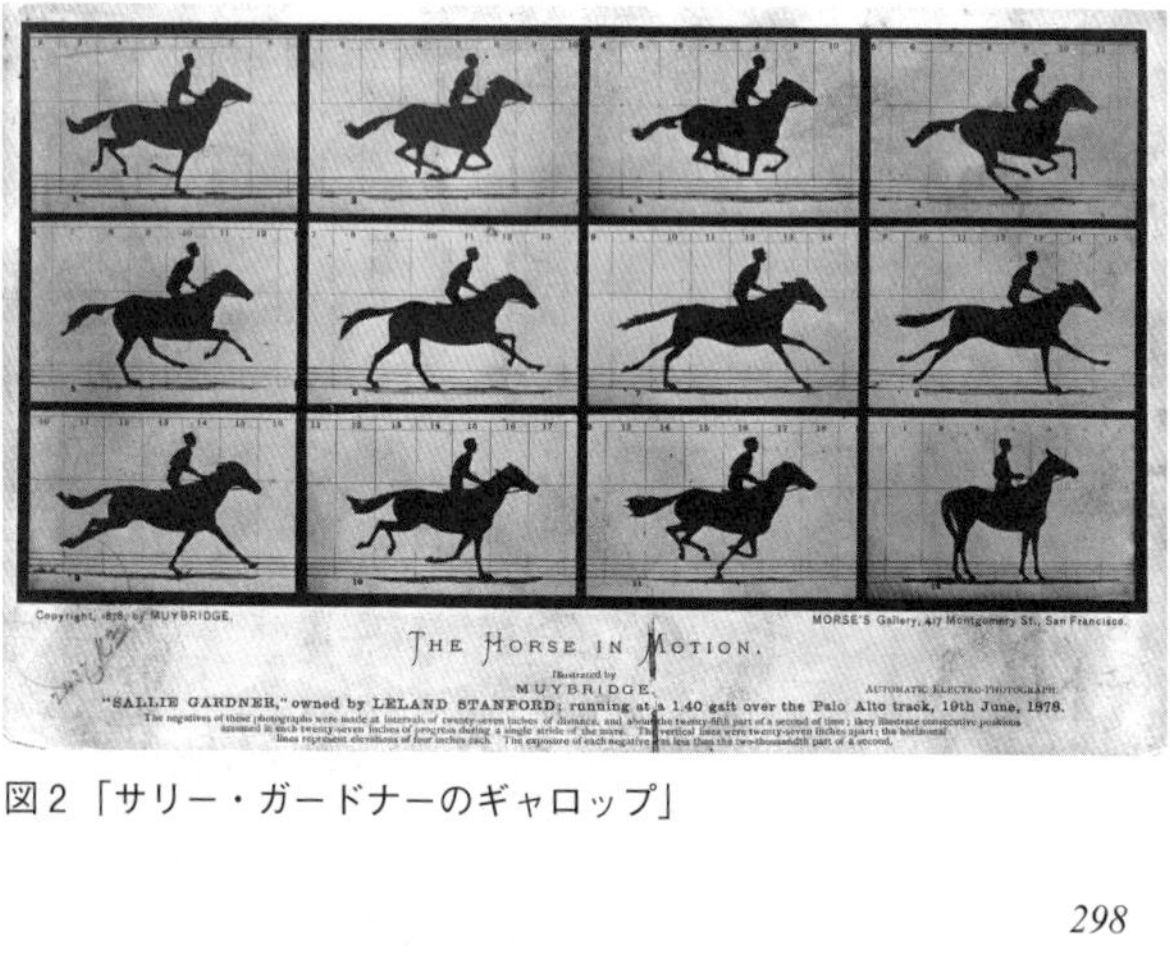

図2「サリー・ガードナーのギャロップ」

グラフィーの先駆者であり、クー・クラックス・クランの勃興を描いた『国民の創生』という悪名高いアメリカ映画の監督でもあったD・W・グリフィスは、チャールズ・ディケンズの小説に魅了され、ディケンズがいかに言語で人間の特徴——顔や手など——を「きめ細かな(close)」詳細さで描き出しているかということに気づいた。グリフィスはこの着想を映画に適用し、「クローズアップ」ショットを生み出した。

また、同時期にジョン・ミルトンの詩に魅せられた映画理論家セルゲイ・エイゼンシュテインはミルトンが自分の詩の中で「新しい概念」を創出するために、アイディアをどのように「並列」するかを観察し、これを映画に用いて「モンタージュ」ショットと名付けた。そしてその技術を実際に試すことで彼の重要な著書『映画感覚』（*The Film Sense*）に書かれるような興味深い理論を発展させたのである。

こうした技法が幾世代もの映画製作者たちの映画表現を高め、観客により豊かな映画鑑賞体験を提供することを可能にした。映画技法がいかに映画の主題を伝え、強化するかを簡潔に説明するために、まず『卒業』全体の中でも最も心に訴えかけると思われる映像を批評的に分析したい。それすなわち、オープニング・ショットだ。

『卒業』

ここで改めてオープニング・ショット（図1）について見直してみよう。

一〇五分あるこの映画の最初の一コマであり、観客が目にする最初の映像だ。これだけでも非常に重要な位置にあり、この後に続く全てのものの下地となっている。このたった一つのショットにより、アイデンティティと疎外という物語の主要テーマが、このショットを生み出すための映画技法を通して示唆されている。いくつかの技法のうち、このショットに関連する五つの技法を紹介し検討してみたい。一つ目はあらゆる場面に使われるクローズアップ・ショットで、これは次のように定義されている。

（一）クローズアップ（CU）

至近距離で撮影されたショットで、対象物が拡大されてフレーム全体を埋めるほど大きく映し出され、注目を集めることでその重要性を強調する。一般的に撮影されるクローズアップは、肩や首から上の頭部である。

（注：これらの映画技法の定義は、映画史研究家で映画評論家のティム・ダークによって作られたウェブサイト the filmsite.org 上にある映画用語辞典からの引用である。）

物語上まだ名前も明かされていない主人公の、この特徴的なクローズアップは、首から上のショットによって主人公の登場を強調している。彼の表情でまず印象的なのは、その完全な「静止状態」である。確かにこの写真は映画からの静止画像であるが、映画の中の実際のシークエンスも動きがない。映画の中では五秒間、三回のまばたきを除いて、頭も頬も唇も全く動くことはない。それは彼が身体だけでなく心理的にも完全に凍ってしまったかのようであり、ある種の精神運動の停滞を経験しているかのようでもある。

アメリカ心理学の父ウィリアム・ジェイムズはその革新的な著書『心理学原理』（*The Principles of Psychology*）において、こうした人間の静止状態について「漠然とした不安やあらゆるものへの恐怖に怯えたうつ病患者が身を縮めてじっとしているような、この彫像のような状態は、動物が恐怖のため機能停止に陥るというような古い本能と何らかの形で関連するものかもしれない。動くことになぜ恐怖を感じるのかは説明できないが、動かないことによって、より安心と心地よさを感じることはできる」と述べている。

不安と恐怖が組み合わさると、うつ病患者は静止する。だが逆説的にも、彼らを安心させるものこそがこの静止状態なのだ。おそらく『卒業』の主人公の状況もそれほど違わない。このクローズアップ・ショットで明らかになったもうひとつの注目すべき点は、主人公の「目」である。その目は夢見るように、特に何かに焦点を合わせるわけでもなく遠くを見つめ、回復できないほどの物思いに沈む一人の人間を表している。動きはないがこの目は、後悔、不確かさ、悩みといった感情に満ちている。ことわざにある通り「目は心の窓」だとすれば、この悩みは主人公の心の奥底に達するほど深いものである。

この深い悩みは、先にあらすじの中で論じた通り、主人公の将来に対する不安から来ているのだが、観客はまだそのことを知らない。それゆえ観客はこの悩みを増幅させているものが何かを、分かっていることから推測するしかない。この時点で観客が知っているのは映画のタイトル『卒業』であり、またそこから主人公の外見をもとに判断すると、「卒業生」(＝主人公)とは「大学」の卒業生のことであろうという点だ。これは主人公の悩みの根源に関する非常に重要なヒントである。それは主人公のおおよその年齢を示唆するが、心理学的観点からすると年齢は個人が対峙する実存の問題を理解するのに重要な要素であるからだ。

二十世紀で最も影響力のある精神分析学者のエリク・エリクソンは、『幼児期と社会』(*Childhood and Society*)という著書において「すべての人間は連続した八つの段階を通過するという『漸成論』を中心とする理論で、人は各段階の中核となる心理的性質を発達させるために、きちんと解決されるべき〔二つの対立する力〕の〔心理社会的〕危機にその都度直面する」という心理社会的発達理論を提唱した。心理的危機とそれが起こる大まかな年齢はこのようになる。

第一段階：基本的信頼感　対　不信（乳児～一八ヵ月）
第二段階：自律性　対　羞恥や疑惑（一八ヵ月～三歳）
第三段階：自主性　対　罪悪感（三歳～五歳）
第四段階：勤勉性　対　劣等感（五歳～一三歳）
第五段階：同一性　対　役割の混乱（一三歳～二〇歳）
第六段階：親密性　対　孤独（二〇歳～三九歳）
第七段階：生殖性　対　停滞（三九歳～六五歳）
第八段階：自我の完成　対　絶望（六五歳～）

『卒業』の主人公に関して言えば、今のカレッジ卒業生と同様に二〇歳か二一歳だろう。観客はのちに彼が実際二〇歳であり、数日後に二一回目の誕生日を祝うことになると分かる。ということは彼がいるのは第五段階でも第六段階でもあり、それぞれの危機、「同一性　対　役割の混乱」や「親密性　対　孤独」と闘わなければならない。この段階を克服し次の段階へ進むために彼がやるべきことは、存在に関する疑問に対峙しそれをできる限り解消することによって、こうした心理社会的危機を乗り越えることだ。この疑問はどちらの段階にも内在しており、第五段階の人にとっては、「自分は何者なのか？何ができるのか？」、第六段階の人にとっては「私は愛することができるのか？」という疑問である。そのため、彼にできるのは、自分を静止させる精神的、身体的圧力から自由になるよう努力することだけなのだ。

このオープニング・ショットに関連する二つ目の映画技法は、フレーミングであり、その定義は以下のようになる。

（二）フレーミング（フレームド・ショット）

境界線や外枠もしくは映像の中の長方形や枠（影、鏡、扉、廊下など）を使うことによって、主題や対象を囲う（「枠に入れる」）技法。

このショットにおけるフレーミング、すなわち映像の境界線や外枠は、主人公の顔の周囲を

「狭く」縁取っている。上下の二本の黒い縁取りに挟まれた主人公が「圧迫され」、「締め付けられて」いるような印象を与えることで、この「狭さ」は更に効果を増している。この上下の黒縁によるフレームは、両サイドの二本の境界線と結合して、主人公を閉じ込め、動いたり逃れたりする余地もない非常に拘束的で狭苦しい空間を形作っている。

このフレーミング技術の重要性は、枠の中の空間に意味を与えるだけではない。枠の外の空間にも意味を拡大させているのだ。このショットの場合、映像の枠の外側に存在するものから生じる意味は、「知覚されない」、もっと言えば、外部空間に「表れない」ものによって示される。つまりそれは、主人公の身体的な位置や状況である。彼はどこかにいるとも言えるし、どこにもいないとも言える。その場所がどこであれ、枠によって視界から切り取られているのだ。

このフレーミング効果により示されるのは、この主人公が周囲に存在するかもしれない何らかの現実に、心理的にとは言わないまでも身体的に疎外されているということだ。興味深いことに、このフレーミングは共生的にも機能しており、内面的に起こっていること、すなわち境界線の内側で起こっていることが、外面的に起こっていること、すなわち境界線の外で起こっていることに影響を与える。その逆もまたしかりである。言い換えれば、相互的、共生的な働きにより、主人公が内面的に感じている圧迫感は、外面的に暗示されている疎外を更に拡大させ、他方では外面的に暗示された疎外が内面的な圧迫感を拡大させているのだ。
三つ目の映画技法であるミザンセーヌと四つ目の照明技術は、五つ目の映画技法の効果を高めるために連携して作用しているため、並行して議論したい。

（三）ミザンセーヌ

フランス語の用語で「舞台演出」、もしくは映画理論で「場面やショットに置かれたもの」を意味し、映画のフレーム内の光景全体を「包み」、物語る演出のこと。カメラ前の視覚的な要素の配置、構成、内容について言い、セット、装飾、小道具、役者、衣装、パフォーマンス、人物の動きや配置などを含む。場面の雰囲気を形作る技術的要素、非技術的要素の両方を含む。

（四）照明技術

場を照らすことであり、撮影者が明かりや影を操ること。

ミザンセーヌはその定義からも分かるように多面的な技術である。しかし、このオープニング・ショットとの関係で特に取り上げる点はただ一つ、「役者の配置」だ。主人公となる役者は明らかにスクリーンの中心より右側に位置している。これは照明技術と関係があり、撮影者は主人公の左側から照明を当て、スクリーンの中心に際立った重要なシンボル、すなわち「影」を作り出す。

それゆえこのオープニング・ショット中の五つ目の映画技法は「シンボル」であり、それはこのように定義されている。

（五）シンボル

ある観念を意味する映像の中の物体、もしくはその第二義的な意味を持つもの。例えば、窓や列車＝自由、薔薇＝美など。シンボルは繰り返されるほどその重要性も増す。

このショットでのシンボルとは先ほど述べたように、影である。影は映画や文学において重要なシンボルであり、さまざまな意味を持つ。アト・ド・フリースの重要な著作『シンボル・イメージ辞典』（*Dictionary of Symbols and Imagery*）は影の象徴するものについて一六の異なる定義や参照を列挙しており、このように始まっている。

一．肉体でも魂でもないその中間の何か。また肉体と同じ形質を持ち、魂を包み込むもの。死後の国に行くのは影である。大きな力を持つとみなされ、例えば使徒言行録（五章一五節）では、ベッドや長椅子に寝かせて、人々は病人を街に連れていき、せめて通り過ぎるペテロの影が彼らを覆うようにした。地上では体から離れることのなかった人間の影は、冥界では審判の際の告発者となる。ルキアノスを参照。

そして項目の最後はこのようになる。

一五．影絵芝居（ジャワ島のワヤン、現代ギリシャのパペットなど）。先祖の霊の介入や超人的な出来事。

一六．民間伝承。影はその人の魂を表すものであり、もう一人の自分。影に起こることは本人にも起こる。

だがおそらく『卒業』で探求されている主題、特に映画の主人公に最も相応しいのは、著名な精神分析学者カール・ユングによって考え出された、影の「元型」という概念を要約した次の定義である。

一二．【心理学】（ユング）「自分自身は認めようとしないが、直接的にも間接的にも常にその人に影響を与える全てのもの。例えば、劣った特性または性質、他の相容れない傾向」。個人の性質の中でも「暗い」原始的本能的側面を表す。認識できなくとも影は「邪悪な」人間や周囲の敵に投影され、最終的に周囲の世界全体が「邪悪」になり、悪意に満ちていく。

主人公にとってこの影は、定義されているように「劣った特性または性質、他の相容れない傾向」（弱さ、欲望、欠点など）を表象し、本質的に彼が直面する心理社会的危機と相互に関連している。実際に、心理社会的、実存的危機が発生するたびに劣った特性、他の相容れない傾向は出現するものであり、それをユングは「意識下にもたらされ」コントロールされない限り、その人に一生付きまとうものであるとした。

おわりに

例示してきたように、よくできた映画は、映画技法によって巧みに強調される一つのイメージを用いて数々の心理社会的・実存的・哲学的意味を作り出すものである。『卒業』はこのように展開し、モンタージュ、並列、視点、字幕、予兆、音、側方移動などの技術を創意工夫し上手く応用することで、この一つのイメージを出発点とするいくつもの主題を浮かび上がらせている。実際にこの映画は、監督が頭の中にストックしている重要な映画技術をすべて用いており、それゆえこの映画は映画愛好家にとっての典型的な教科書となり、新進の映画監督にとっての模範的な手引書となっている。

映画技法について更に学びたい場合は、ＷＥＢサイト Filmsite（filmsite.org）に行けば五〇〇以上の映画理論用語の定義を掲載した包括的な映画用語辞典、シネマトグラフィーの基礎、様式的な情報（カメラショットなど）、その他多くの情報が掲載されている。また「偉大な（アメリカ）映画一〇〇選」、「アメリカン・シネマにおいて最も影響力のある映画」、『卒業』の監督マイク・ニコルズを始めとする「史上最も偉大な映画監督たち」のリストもあり、そこには著名な日本人監督の黒澤明の名前も見ることができる。

【図1】Still from Nichols, *The Graduate* (0:09).

【図2】https://en.wikipedia.org/wiki/Sallie_Gardner_at_a_Gallop#/media/File:The_Horse_in_Motion_high_res.jpg

〈参考文献〉

Anderson, Terry H. *The Movement and the Sixties: Protest in America from Greensboro to Wounded Knee*. Oxford UP, 1996.

BanditRants. "Carl Jung's Philosophy of The Shadow." *YouTube*, 22 Jun. 2017, www.youtu.be/X-y2DddsWQ8.

Cherry, Kendra. "Erik Erikson Biography (1902-1994)." *verywellmind*, Dotdash Publishing. 9 Mar. 2019, www.verywellmind.com/erik-erikson-biography-1902-1994-2795538.

Clegg, Brian. *The Man Who Stopped Time: The Illuminating Story of Eadweard Muybridge : Pioneer Photographer, Father of the Motion Picture, Murderer*. Joseph Henry, 2007.

Dirks, Tim. "Film Terms Glossary." *amc filmsite*, AMC Network Entertainment, www.filmsite.org/filmterms1.html.

Eisenstein, Sergei. *Film Form: Essays in Film Theory*. Translated by Jay Leyda. Harcourt, 1969.

Eisenstein, Sergei. *The Film Sense.* Translated by Jay Leyda. Harcourt, 1969.

Erikson, Erik H. *Childhood and Society.* Norton, 1993.

The Graduate. Directed by Mike Nichols. Performances by Dustin Hoffman and Anne Bancroft. Embassy Pictures, 1967. DVD.

Henry, Buck. "The Graduate." Unpublished manuscript, 29 Mar. 1967. www.raindance.org/scripts/old-library/graduate-the.pdf.

James, William. *The Principles of Psychology Volume II.* Dover, 1950.

Jung, Carl. *Man and His Symbols.* Dell, 1968.

Kashner, Sam. "Here's to You, Mr. Nichols: The Making of *The Graduate.*" *Vanity Fair HWD,* Condé Nast, 25 Feb. 2008, www.vanityfair.com/news/2008/03/graduate200803.

Macnow, Alexander Stone. *MCAT Behavioral Sciences Review.* Kaplan, 2014.

"1950s: Pop Culture Explodes in a Decade of Conformity. " *Encyclopedia.com,* The Gale Group 2002, www.encyclopedia.com/history/culture-magazines/1950s-pop-culture-explodes-decade-conformity.

Roszak, Theodore. *The Making of a Counter Culture.* U of California P, 1995.

Rothman, Lily. "50 Years Ago This Week: How Young People Changed the World." *TIME,*

TIME USA, 2 Jan. 2017, time.com/4607270/1967-january-6-anniversary/.
Savage, Jon. *1966: The Year The Decade Exploded*. Faber & Faber, 2018.
Stephens, Elizabeth. "Free Speech Movement Chronology." *The Bancroft Library*, The Regents of the University of California, 16 Nov. 2005, www.bancroft.berkeley.edu/FSM/chron.html.
Vries, Ad de. *Dictionary of Symbols and Imagery*. North-Holland, 1974.

Q ディスカッション・クエスチョン

・『卒業』のようにアイデンティティと疎外（若しくはそのどちらか）について描かれた映画を挙げてみましょう。
・その映画のテーマを強調するために映像技法がどのように作用しているのか考えてみましょう。

Column

カナダの国技ラクロス

カナダで人気のあるスポーツは、アイスホッケー（国内では単に「ホッケー」と呼ぶ）と並んで、一八六七年にカナダ最古の国技となったラクロス（漢字表記は「棒網球」）である。その後アメリカ、イギリス、オーストラリアなどに広まり、一九八〇年代以降は日本の大学スポーツとして根付き、四年に一度のワールドカップも開催されている。スティックの先に網をつけた用具を使い、テニスボールよりも少し大きなサイズの硬質ゴム製のボールを奪い合い、相手陣のゴールに入れることで得点を競う球技で、男女間でルールが大きく異なる点が特徴だと言われている。

男子はヘルメット、ショルダー・エルボーパッド、グラブなどの防具を身につけ、金属製の棒を相手に打ち当て、時には一六〇キロを超える球速で相手のゴールを狙う。ホッケーとラグビーとを組み合わせたと形容される所以だ。これに対して女子の場合、プレイヤー同士の身体やスティックの接触は禁じられ、ゴールキーパー以外は防具をつけず、スポーツウェアにスカートという組み合わせでテニスを彷彿とさせる。パスを中心に展開するため、ホッケーにバスケットボールを足して二で割ったようだとも言われる。チーム構成は男子より二人多かったが、オリンピックを睨んで二〇一九年に十人制に統一された。

ラクロスの歴史を振り返る際、カナダで宣教活動に勤しんでいたイエズス会士が残した記録が参考になる。それによると、北米先住民によって、神との繋がりを深める儀式の一環として行われ、部族間の争いの平和的解決にも用いられたという。参加者が千人を超え、ゴールとゴールの距離は数マイルにも及ぶこともあった。十七世紀半ばにフランス人が入植し、このゲームで用いられていた道具が笏杖（lacross）に似ていたことから競技名称となった。一八三九年にカナダ白人のチームとファースト・ネーションズのチームとの公式戦が開催されて以降、現代競技として整備され現在に至っている。

ラクロスを主題にした映画はカナダで多く制作されているが、二〇一九年四月一九日に公開された『グリズリーズ』（*The Grizzlies*）は、ミランダ・デペンサー（Miranda de Pencier）がカナダ監督賞を受賞し、脚本家賞候補にグラハム・ヨスト（Graham Yost）とモイラ・ワリー＝ベケット（Moira Walley-Beckett）がノミネートされることで話題をさらった。北極圏に住むイヌイットの青少年が、貧困を始めとする様々な社会問題を抱え、心に傷を負いながらプレーを続けてきた実話をもとにしている。アレシア・アナクバリル（Alethea Arnaquq-Baril）は、教育現場でのメンタルヘルス・ケアを拡充していく一助にしたいと願い、映画をプロデュースしたという。カナダの国技ラクロスは、北米先住民の過去と現在を映し出す鏡でもある。

小塩　和人

〈参考文献〉

大久保宜浩『ゼロから始めるラクロス』実業之日本社、二〇一二年

坂上康博ほか編『スポーツの世界史』一色出版、二〇一八年

Vennum, Thomas. *American Indian Lacrosse: Little Brother of War*. Smithsonian Institution, 1994.

Q ディスカッション・クエスチョン

- 北米先住民に起源をもつ様々な生活文化について列挙し、その歴史について考えてみましょう。
- 北米におけるラクロス以外のスポーツについて、その起源や特徴について調べてみましょう。

Column

カナダへのブルースの浸透度について

『北米研究入門』における「ブルース、という音楽」という一章で、筆者は奴隷制時代のワークソングから書き起こし、二十世紀におけるブルースの発展まで辿ったのち次のような一節で筆を擱いた。

ブリティッシュ・インベージョンの影響からか、一九六〇年代にはアメリカにもとうとうブルース・ブームが訪れる。古参のブルースマンが捜索・発掘され、新たにレコーディングをしたり、コンサートに担ぎ出されたりした。そして、やはりフォーク・ソングの一環として生ギターを持たされ、カントリー・ブルースかくあるべし、という形での演奏を（しばしば本人の意思に反してまでも）強制されたのである。その裏には、一九五〇年代半ば以来急激に勃興した公民権運動の影響が大きい。ここでもまた、ブルースは黒人固有の音楽、という固定観念から逃れられなかったのである。

つまり、二十世紀半ばには、アメリカよりもむしろイギリスでブルースがもてはやされ、また評価され、六〇年代初めにイギリスのロックグループがアメリカ公演で多くの若いファンを熱狂させたことで、ブルースが逆輸入された形となっていた。それが契機となって、ブルースという音楽ジャンルに一方で政治性をからませ、一方で真正性(authenticity)をまとわせる傾向が払拭された、といえるかもしれない。別言すれば、ブルースの基本フォーマット——三行十二小節という構造、主に三度と七度を半音下げるブルーノートという音階、そして煩雑にシンコペーションするリズム、等——という純粋に音楽的な要素だけが受け継がれた、ということでもある。

それもあってか、一九六〇年代後半になると、ロックはますます芸術性を帯び、一九六七年のビートルズの実験的なアルバム *Sergeant Pepper's Lonely Heart's Club Band* のリリースがその象徴的な事件となる。この頃になると、ブルースを基調とすることは自明のことになっていて、むしろ隠れた構造としてさほど目立つこともなく、アーティスト自身もあまり意識せずに使っていたかもしれない。それだけブルースは浸透していたのである。

同じ時代の北アメリカで、カナダの事情はどうであったか。

この時代に出現したザ・バンドというグループは、ブルースのみならずカントリーなどアメリカの古い音楽（ルーツ・ミュージック）を強く意識した音楽作りで個性を発揮していた。メンバー五人のうち四人がカナダ人（もう一人は深南部出身の白人）でありながら、いやだからこそ、同時代のどのバンドよりもアメリカ的であることを追求できたのだろう。また、古いアメリカ音楽に知悉したボブ・ディランのバックバンドを務めたことも関係したかもしれない。"The Night We Drove Old Dixie Down" という楽曲などは、南北戦争後の元南軍兵士の悲しみを劇的独白のなかに盛り込んでいる。

一方、ロックが多様化していったこの時代に、アメリカではブラス・ロック、あるいはジャズ・ロックというサブジャンルも台頭してきた――シカゴ、チェイス、そしてブラッド・スウェット&ティアーズ（以下BS&T）、といったバンドである。そのうちのBS&Tのリードヴォーカルは、ディック・クレイトン・トーマスというカナダ人であった。しかも、メンバーの大半を占めるアメリカ人ジャズ・ミュージシャンのなかにあって、ひとりブルース的な歌い方を前面に押し出していたことは注目に値する。ベストセラーとなった二枚目のアルバム *Blood, Sweat & Tears* では、エリック・サティの楽曲で始まり、終わる、という高踏的な一面を押し出しながらも（クラシックの要素をジャズに取り入れるのは白人ジャズマンに時として見られた）、最後から二番目の曲は "Blues [Part II]" と題され、有名なブルース曲の断片を散りばめた複雑な組曲風に仕上がっていて、ジャンルとしてのブルースについての自意識を強く打ち出している。

　これらのバンドと意匠を異にするのがゲス・フーと名乗るカナダの五人組で、ロックン・ロールに近いという意味でロックの原点に返るようなスタイルを特徴としていた（偏見を承知でいうなら、上記のトロント周辺出身のアーティストとは違い、ウィニペグ出身であることもその理由に挙げられよう）。そして、何といっても彼らが注目を集めたのは、カナダ出身のグループとして初めてアメリカでチャートのトップに躍り出たことである。しかも、〝American Woman〟という楽曲であったことは、様々な解釈を誘発することになる。というのも、シングルカットされたヴァージョンではなくLPに収められたヴァージョンでは「ブルース・イントロ」なるものから始まり、ブルース的な進行に乗せて〝American woman's gonna mess your mind〟というフレーズが連呼され、続いて歌詞のなかでは〝American woman, get away from me〟と叫ぶからである。カナダが常に経験し、意識してきた「傘」としてのアメリカ合衆国に対する愛憎半ばする複雑きわまる感覚が、この楽曲からは痛いほどに伝わってくる。

＊イギリスにおけるブルースのブームについては、Roberta Freund Schwartz著の*How Britain Got the Blues: The Transmission and Reception of American Blues Style* *in the United Kingdom* (Ashgate 2007) に詳しい。また、カナダ音楽におけるアメリカ表象については、Tristanne Connolly & Tomoyuki Iino 編著の *Canadian Music and American Culture: Get Away From Me* (Palgrave Macmillan 2017) を参照のこと——特にザ・バンドについては Ted Goossen の章を、そしてゲス・フーに関しては共編者のコノリーによる序文が参考になる。

飯野　友幸

おわりに

従来の地域研究は、第二次世界大戦中に戦後世界秩序を構築する一手段として始まった実用的学問であった。つまり、冷戦という歴史的文脈において帝国主義的な支配を可能にする学術的な営みとして批判を浴びる場合もあったが、他方で当該国家ないしは地域を理解しようとする知的な活動として評価されることもあった。そして冷戦が終結すると、今世紀に入って地球規模で国際貢献の機会が拡大するに伴い、地域研究への期待が高まっているのも事実である。このような状況のもとで、社会的・政策的需要を踏まえた地域研究の推進、特定重要地域の研究推進、地域研究に関する研究基盤の強化を目指した情報共有化の推進が、人文社会科学分野の重点要求として取り上げられ、日本学術振興会の科学研究費申請区分にも地域研究が新しく加えられている。

なかでもグローバル化の進展のもと、地域を単独に取り上げるのではなく、地域間の比較や地域横断的な課題設定による「相関型」地域研究が求められている。上智大学アメリカ・カナダ研究所も、国内外の地域研究機関との連携強化を模索し、その一環として学内外の諸研究機関との共同作業を積み重ね、地域間の比較研究を軸にした研究を推進するとともに、多様な媒体を利用した研究成果の公開を行っている。その一例が、二〇一八年に上梓した『グローバル・ヒストリーズ――「ナショナル」を越えて』（上智大学出版）であり、学内のイベロアメリカ研究所ならびにヨーロッパ研究所のみならず学外の執筆者との共同編集作業を可能にした。こうした世界諸地域の地域間比較研究の推進では、相関型地域研究のパラダイム構築を目指す共同研究を展開している。国境や文化圏を越える人・モノ・お金・情報の量・速度が増大している今日、一地域の変動は直ちに周辺地域あるいは全世界に波及するようになり、地域の理解を目的とする地域研究は、グローバルとローカルをリンクさせながら地域を構想する学問への脱皮を希求している。

その一つのアプローチが、本書の第一章で詳しく紹介した「境界地域史」という観点からの比較・相関研究である。欧米では一九七〇年代から境界研究という新しい分野が形成され、日本では北海道大学に続いて九州大学でも研究組織が整いつつある。そこでは国境画定や国境管理だけでなく、国境の両側地域の関係性も含め境界に関連する現象全般が研究課題とされた。境界地域史はこうした境界研究の視点を歴史研究へ導入する試みである。国民国家が形成する「国境」以外の軍事境界線などを含む「境界」と接する地域は、境界変動とそれに伴って呼び起こされる人口移動や社会の再編を経験している。こうした地域を線でなく面として、つまり「境界地」として、各地域の特殊性と共通性を長い時間幅から明らかにし、国家、民族、境界といった近代的概念や制度を再検討するのが境界地域史研究である。とりわけ、公文書に拠る政治外交史研究にとどまらず、ライフ・ヒストリー等も用いた社会史の観点も従来とは異なる新しい視点である。

今回、改訂版『北米研究入門2――「ナショナル」と向き合う』を編集するに当たり、完成された作品と言うよりは、むしろその成果に至るまでのプロセスを共有できるような論考、いわば舞台裏が見えるようにできないかと考えた。この過程こそが新しい地域研究を模索している現状であるとともに、今後に向けた大きな潜在的可能性を追求する道筋だからだ。今世紀に入ってから上智大学アメリカ・カナダ研究所は、伝統的な「ナショナル」という単位を一度見直し、そして越え、再び向き合うというプロセスを経てきた。これらは一見、ばらばらに見える三部作だが、そのなかには、境界を越える諸事象を複合的に分析しようとするものから、一つの空間を境界地域として多様に読み解く挑戦的なもの、境界概念を操作し事象への分析枠組として活用するもの、境界事象を現場とのかかわりで再構成する実践的試みなど、様々な接近方法を見出すことができる。これら様々な研究の成果をどのように体系化するのかが残された課題だ。実態研究と表象研究を結び付け、地域を越えた比較を可能とする理論的整備への志向は着実に強まっており、本書は新たな統合へ向けた第一歩であると位置付けておきたい。

編集責任者　小塩　和人

【執筆者紹介】

小塩和人

上智大学外国語学部英語学科教授

『アメリカ環境史』(単著：上智大学出版、2014年)

増井志津代

上智大学文学部英文学科教授

『植民地時代アメリカの宗教思想――ピューリタニズムと大西洋世界』(単著：上智大学出版、2006年)

石井紀子

上智大学外国語学部英語学科教授

American Women Missionaries at Kobe College, 1873-1909: New Dimensions in Gender（単著：Routledge、2004年）

伊達聖伸

東京大学大学院総合文化研究科准教授

『ライシテから読む現代フランス――政治と宗教のいま』(単著：岩波新書、2018年)

水谷裕佳

上智大学グローバル教育センター准教授

『先住民パスクア・ヤキの米国編入――越境と認定』(単著：北海道大学出版会、2012年)

出口真紀子

上智大学外国語学部英語学科教授

ダイアン・J・グッドマン著『真のダイバーシティをめざして――特権に無自覚なマジョリティのための社会的公正教育』(監訳：上智大学出版、2017年)

前嶋和弘
上智大学総合グローバル学部総合グローバル学科教授
『現代アメリカ政治とメディア』(共編著：東洋経済新報社、2019年)

谷洋之
上智大学外国語学部イスパニア語学科教授
『途上国における農業経営の変革』(共著：アジア経済研究所、2019年)

飯島真里子
上智大学外国語学部英語学科准教授
『グローバル・ヒストリーズ——「ナショナル」を越えて』(共著：上智大学出版、2018年)

小川公代
上智大学外国語学部英語学科教授
『文学とアダプテーション——ヨーロッパの文化的変容』(共編著：春風社、2017年)

ケネス・G・オキモト
上智大学外国語学部英語学科教授

飯野友幸
上智大学文学部英文学科教授
『フランク・オハラ——冷戦初期の詩人の芸術』(単著：水声社、2019年)

北米研究入門２
――「ナショナル」と向き合う

2019年12月25日　第１版第１刷発行
2020年11月30日　　　　第２刷発行

編　者：上智大学アメリカ・カナダ研究所
発行者：佐　久　間　　　勤
発　行：Sophia University Press
上　智　大　学　出　版
〒102-8554　東京都千代田区紀尾井町7-1
URL：https://www.sophia.ac.jp/

制作・発売　㈱ぎょうせい
〒136-8575　東京都江東区新木場1-18-11
URL：https://gyosei.jp
フリーコール　0120-953-431
〈検印省略〉

印刷・製本　ぎょうせいデジタル㈱
ISBN978-4-324-10717-1
(5300296-00-000)
［略号：（上智）北米研究入門２］

Sophia University Press

上智大学は、その基本理念の一つとして、
「本学は、その特色を活かして、キリスト教とその文化を研究する機会を提供する。これと同時に、思想の多様性を認め、各種の思想の学問的研究を奨励する」と謳っている。

大学は、この学問的成果を学術書として発表する「独自の場」を保有することが望まれる。どのような学問的成果を世に発信しうるかは、その大学の学問的水準・評価と深く関わりを持つ。

上智大学は、(1)　高度な水準にある学術書、(2)　キリスト教ヒューマニズムに関連する優れた作品、(3)　啓蒙的問題提起の書、(4)　学問研究への導入となる特色ある教科書等、個人の研究のみならず、共同の研究成果を刊行することによって、文化の創造に寄与し、大学の発展とその歴史に貢献する。

Sophia University Press

One of the fundamental ideals of Sophia University is "to embody the university's special characteristics by offering opportunities to study Christianity and Christian culture. At the same time, recognizing the diversity of thought, the university encourages academic research on a wide variety of world views."

The Sophia University Press was established to provide an independent base for the publication of scholarly research. The publications of our press are a guide to the level of research at Sophia, and one of the factors in the public evaluation of our activities.

Sophia University Press publishes books that (1) meet high academic standards ; (2) are related to our university's founding spirit of Christian humanism ; (3) are on important issues of interest to a broad general public ; and (4) textbooks and introductions to the various academic disciplines. We publish works by individual scholars as well as the results of collaborative research projects that contribute to general cultural development and the advancement of the university.

Introduction to North American Studies 2 :
Facing "Nation (al/ism)" Again

published by
Sophia University Press

production & sales agency : GYOSEI Corporation, Tokyo
ISBN978-4-324-10717-1
order : https://gyosei.jp